Eine Ausstellung
unter der Schirmherrschaft
Seiner Königlichen Hoheit
des Prinzen von Wales

Niedersachsen

Wilhelm Busch
Deutsches Museum für Karikatur
und Zeichenkunst

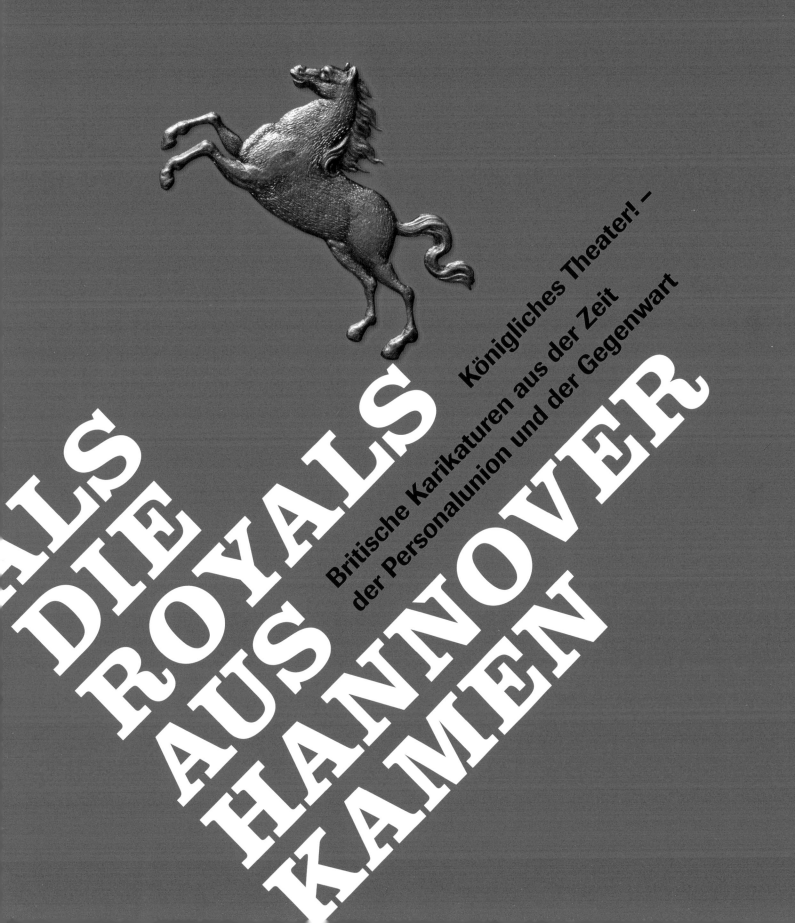

ALS DIE ROYALS AUS HANNOVER KAMEN

Königliches Theater! –
Britische Karikaturen aus der Zeit
der Personalunion und der Gegenwart

Lenkungsgruppe

Projektleitung
Dr. Katja Lembke

Projektkoordination
Dr. Christian Vogel

Dr. Annette Schwandner
Niedersächsisches Ministerium für
Wissenschaft und Kultur
Vorsitzende der Lenkungsgruppe

Werner Agsten
Niedersächsisches Ministerium für Wirtschaft,
Arbeit und Verkehr

Dr. Brigitte Bötel
Landtagsverwaltung Niedersachsen

Marlis Drevermann
Kultur- und Schuldezernentin
der Stadt Hannover

Matthias Görn
Niedersächsisches Landesmuseum Hannover

Dr. Kathrin Höltge
Niedersächsisches Ministerium
für Wissenschaft und Kultur

Matthias Ilkenhans
NDR Radiophilharmonie

Ralph Jarrett
EAC GmbH Schloss Marienburg

Dr. Bernd Kappelhoff
Niedersächsisches Landesarchiv, Hannover

Carola Lange
Niedersächsisches Ministerium
für Wissenschaft und Kultur

Dr. Katja Lembke
Niedersächsisches Landesmuseum Hannover

Dr. Jochen Meiners
Celler Museen

Prof. Dr. Arnd Reitemeier
Georg-August-Universität Göttingen,
Institut für Historische Landesforschung

Carolin Ruh
TourismusMarketing Niedersachsen GmbH

Dr. Georg Ruppelt
Gottfried Wilhelm Leibniz Bibliothek,
Niedersächsische Landesbibliothek

Dr. Thomas Schwark
Historisches Museum Hannover

Dr. Christine van den Heuvel
Niedersächsisches Landesarchiv,
Hauptstaatsarchiv Hannover

Dr. Gisela Vetter-Liebenow
Wilhelm Busch – Deutsches Museum
für Karikatur und Zeichenkunst

Dr. Christian Vogel
Niedersächsisches Landesmuseum Hannover

Prof. Dr. Thomas Vogtherr
Historische Kommission für Niedersachsen
und Bremen e. V.

Leihgeber

Llyfrgell Genedlaethol Cymru /
The National Library of Wales Aberystwyth

Napoleonmuseum Thurgau,
Schloss und Park Arenenberg

British Cartoon Archive,
University of Kent, Canterbury

Hamburger Kunsthalle,
Kupferstichkabinett, Hamburg

Museum für Kunst und Gewerbe,
Hamburg

Gottfried Wilhelm Leibniz Bibliothek,
Hannover

National Portrait Gallery, London

Royal Collection, London

The British Museum, London

The Cartoon Museum, London

Victoria & Albert Museum, London

People's History Museum, Manchester

Lewis Walpole Library, New Haven

Yale Center for British Art,
Paul Mellon Collection, New Haven

Musée Carnavalet, Paris

Graphische Sammlung, Staatsgalerie Stuttgart

Steve Bell, Brighton

Ben Jennings, Hemel Hempstead

Stephen Collins, Hertford

Modern Toss, London

Martin Rowson, London

Gerald Scarfe, London

Viktoria von dem Bussche, Ippenburg

Richard Ingrams, London

und weitere private Leihgeber.

Impressum

Hinweise zum Katalog
Soweit bekannt, werden neben Namen und Lebensdaten der Künstler der Original-titel des Werkes, wo nötig die deutsche Übersetzung, das Entstehungsjahr und die Erstveröffentlichung angegeben. Papier als Bildträger wird nicht aufgeführt, sondern lediglich hiervon abweichende Materialien beziehungsweise Zustände. Die Maße (Höhe vor Breite) nennen das Blatt- oder Bildmaß, bei Radierungen das Plattenmaß. Sind die Radierungen beschnitten, wird das Blattmaß genannt. Die Abkürzung BM verweist auf Dorothy George, Catalogue of Political and Perso-nal Satires Preserved in the Department of Prints and Drawings in the British Museum, 11 Bde., London 1870 – 1954.

Titelabbildung
George Townley Stubbs, His Highness In Fitz, 1786 (Kat. Nr. 82)

Frontispizabbildung
Martin Rowson, Prince Charles at 65, 2013 (Kat. Nr. 36)

Die Deutsche Nationalbibliothek ver-zeichnet diese Publikation in der Deut-schen Nationalbibliografie; detaillierte bibliografische Daten sind im Internet über http://dnd.d-nb.de abrufbar.

Herausgeber
Gisela Vetter-Liebenow

Konzeption
Gisela Vetter-Liebenow, Karl Janke, Elisabeth Reich

Redaktion
Elisabeth Reich, Monika Herlt

Mitarbeit
Christine Ahrendt

Lektorat
Philipp Nowotny

Gestaltung
Annett Stoy, Norbert du Vinage
Sandstein Verlag

Satz
Annett Stoy, Sandstein Verlag

Reprografie
Jana Neumann, Sandstein Verlag
Lithografie für die Reproduktionen der Wilhelm-Busch-Gesellschaft e. V.:
Farbecht GmbH, Hannover

Druck
Offizin Andersen Nexö Leipzig

Verlag
Sandstein Verlag
Goetheallee 6 · 01309 Dresden
www.sandstein-verlag.de

ISBN 978-3-95498-089-5
Printed in Germany

WILHELM BUSCH
DEUTSCHES MUSEUM
FÜR KARIKATUR &
ZEICHENKUNST

Katalog zur Ausstellung

Königliches Theater! – Britische Karikaturen aus der Zeit der Personalunion und der Gegenwart

Eine Ausstellung im Rahmen der Niedersächsischen Landesausstellung 2014:
Als die Royals aus Hannover kamen

Die Niedersächsische Landesausstellung wird gefördert durch

Niedersachsen

Das Museum Wilhelm Busch – Deutsches Museum für Karikatur und Zeichenkunst wird gefördert durch das Kulturbüro der Landeshauptstadt Hannover

Landeshauptstadt **Hannover** Kulturbüro

Inhalt

Vorwort

In der Zeit der Personalunion von 1714 bis 1837 zwischen dem Kurfürstentum Hannover und dem Königreich Großbritannien erfährt die britische Monarchie ihre moderne Ausprägung als konstitutionelle Monarchie. Vor dem Hintergrund einer sich in diesem Zusammenhang formierenden breiten politischen Öffentlichkeit entfaltet sich in der ersten Hälfte des 18. Jahrhunderts die moderne Karikatur und definiert dabei schichtenübergreifend ihre Rolle als gesellschaftskritische Instanz. Um 1800, in der Ära Georgs III., hat sich die Karikatur fest etabliert: Zahlreiche *printshops* ermöglichen von London aus eine bis auf den Kontinent reichende weite Verbreitung der satirischen Einblattdrucke von Künstlern wie James Gillray, Thomas Rowlandson oder George Cruikshank. Es ist das sogenannte »Goldene Zeitalter der Karikatur«.

Die Ausstellung *Königliches Theater!* im Rahmen der Niedersächsischen Landesausstellung zum 300-jährigen Jubiläum der Personalunion spannt aber zugleich den Bogen in die Gegenwart und macht auf diese Weise strukturelle politische und gesellschaftliche Entsprechungen anschaulich, die die Anfänge des modernen Britanniens unter der Doppelherrschaft der Hannoveraner mit der Ära von Elisabeth II. verbinden. Die Karikaturen der Ausstellung zeichnen so ein lebendiges Bild der englischen Monarchie einst und heute – und machen deutlich, dass sich politische Machtkämpfe, Hofintrigen, Ränkespiele und Sex-Skandale über die Jahrhunderte nicht wesentlich geändert haben und die Künstler um 1800 ebenso beschäftigten wie die heutigen. Für die Ausstellung konnte auf die umfangreichen Bestände unseres Hauses zurückgegriffen werden, ergänzt durch herausragende Leihgaben internationaler Museen wie dem Britischen Museum in London oder dem Musée Carnavalet in Paris.

Wir sind dankbar, dass wir diese spannende Ausstellung im Rahmen der Niedersächsischen Landesausstellung 2014 *Als die Royals aus Hannover kamen* präsentieren können und dafür großzügig durch das Land Niedersachsen und das Ministerium für Wissenschaft und Kultur unterstützt werden. In dem langen Vorbereitungsprozess war insbesondere Ministerialdirigentin Dr. Annette Schwander eine verlässliche Ansprechpartnerin. Ein herzlicher Dank gilt den Kolleginnen und Kollegen der an der Niedersächsischen Landesausstellung beteiligten Museen, allen voran Dr. Katja Lembke vom Niedersächsischen Landesmuseum, den Mitgliedern der Lenkungsgruppe und den das Projekt begleitenden Gremien wie dem wissenschaftlichen Beirat und dem Kuratorium.

Mit der Konzeptionierung der Ausstellung *Königliches Theater!* haben sich Karl Janke und Elisabeth Reich große Verdienste erworben und engagiert und beharrlich an der Umsetzung gearbeitet. Ihnen und den Autoren des begleitenden Katalogs gilt mein herzlicher Dank ebenso wie Monika Herlt für die redaktionelle Begleitung.

Bei der inhaltlichen Recherche, bei der Beschaffung von Leihgaben aus Museen, Privatsammlungen oder Künstlerbesitz konnten wir uns auf unbürokratische und tatkräftige Unterstützung verlassen. Ein großer Dank gilt insbesondere: den Künstlern Steve Bell, Stephen Collins und Ben Jennings, Jon Link und Mick Bunnage von Modern Toss, Martin Rowson, Gerald Scarfe und seiner Assistentin Julie Davies; Martin Brederecke und Björn Schreier von der Gottfried Wilhelm Leibniz Bibliothek, Hannover, Anita O'Brien und Kate Owens vom Cartoon Museum London, Sheila O'Connell vom Britischen Museum, London, Dominik Gügel vom Napoleonmuseum Thurgau, Arenenberg, Nick Hiley vom British Cartoon Archive, Canterbury, Norbert Steinau vom Bomann-Museum Celle sowie Viktoria von dem Bussche, Ippenburg.

Dr. Gisela Vetter-Liebenow
Direktorin

KARL JANKE

»They're a Living Spectacle ...«
Zerrbilder des Royalen[1]

The natural impulse
of the English people
is to resist authority.

Walter Bagehot,
The English Constitution,
1867/72

Der Hintern des Königs: Das Fest des goldenen Gesäßes

Allein, nackt, auf offener Bühne – eine skandalumwitterte frühe Radierung bezeugt das prekäre Verhältnis zwischen Königtum und Karikatur, das Hannovers Herrscher mit Besteigen des britischen Throns im 18. Jahrhundert eingingen: Georg II., seines Zeichens König von Großbritannien und Kurfürst von Hannover, steht 1737 als bockbeiniger Satyr herausgehoben auf einem Podest vor dem versammelten Hofstaat inklusive Königin und Premierminister sowie vor den Augen des doppelten Publikums, dem imaginativen der Theaterszene wie dem des satirischen Stichs (Kat. Nr. 7). Die Figur des Königs ist der Brennpunkt des Hofes, auf ihn richten sich alle Augen, Fantasien, Projektionen. Er ist die Quelle der Politik. Doch der König zeigt seine Kehrseite: Seinen prallen Hinterbacken entfährt ein kräftiger, deutlich sichtbarer Windstoß, erläutert von einem lateinischen Zitat aus Vergils *Aeneis.*

Gespielt wird königliches Theater im Doppelsinn. Unter dem Bühnenvorhang gelangt das Theater des Hofstaats im Theater zur Aufführung: Eine rituelle Handlung der Königin in Begleitung des Bischofs, zeremonielle Arbeiten ebenso wie die geziert-elegante Konversation umstehender Höflinge und Politiker, freilich auch ihr erstauntes Aufsehen. Gezeigt werden die Pracht des englischen Hofes, die goldenen Gefäße, die kostbare, bestickte Hofkleidung und die goldenen Embleme, dazu antike Inschriften und Zitate – kurz das Positiv des Royalen als Farce, ein anderer Tanz um das »Goldene Kalb«.

Spektakulärer und skandalöser könnte der Auftritt, mit dem die hannoverschen Könige in der Frühzeit ihrer Herrschaft die Bühne der englischen Karikatur betreten, kaum inszeniert werden; zu unerhört ist die Differenz zum Bild würdevoller Majestät, das die offizielle Hofkunst vermittelt. Aus deren prunkvollem Idealbild macht die Karikatur das Negativ der Monarchie. Sie nutzt das Theatralische royaler Selbstinszenierung für dessen Umkehrung. Aus *Pomp and Circumstance* werden Verschwendungssucht und Geldgier, die den Hof regieren, wie die Inschrift auf dem Seidenrock des ersten Ministers Robert Walpole verdeutlicht: *auri sacra fames*, der »schändliche Hunger nach Gold«.[2]

Skandalös ist das anonyme *Fest des goldenen Gesäßes* indes nicht nur inhaltlich der dargestellten Theaterszene wegen. Skandalös ist auch der Gebrauch, der von ihr gemacht wurde und skandalös ihr mutmaßlicher Auftrag. Denn die Karikatur diente dem in ihrer Mitte wohlwollend porträtierten Minister Walpole als parlamentarischer Nachweis und Begründung für die Notwendigkeit, künftig derartige Majestätsbeleidigungen zu unterbinden (einen anderen hatte er nicht, von der realen Existenz eines Theaterstücks gleichen Namens fehlt, außer einer Beschreibung in einer Zeitschrift, jede historische Spur). Die außerordentliche satirische Diktion des Blattes schuldet sich also seiner wahrscheinlichen Funktion als Agent Provocateur, einer gezielten Grenzüberschreitung des Schicklichen, um den Gesetzgeber zum Eingreifen zu bewegen und ein Gesetz zur Zensur eben des Theaters durchzusetzen, das in jenem Jahrhundert eine Quelle ständiger politischer Unruhe darstellte.

Dieser schmähliche Verrat an der Schwesterkunst des Theaters macht andrerseits die Existenz eines neuen und eigenständigen politischen Akteurs gewissermaßen amtlich: Mit den Königen aus Hannover tritt gleichzeitig die politische Karikatur ins historische Rampenlicht.

Im Kern enthält die Satire vom goldenen Gesäß des Königs damit wesentliche Momente, die die Geschichte des damals in England entstehenden neuen Mediums für fast drei Jahrhunderte bestimmen: die Erzählung des Politischen im royalen Negativ, die Rolle der Karikatur als »kleines Theater« im Spektrum der Künste, den Skandal als ihren Motor, wie das sich daraus ergebende Problem der latenten Grenzüberschreitung und die Frage nach der Freiheit der Satire.

Some of the Principal Inhabitants of y^e MOON, as they Were Perfectly Discoverd by a Telescope brought to y^e Greatest Perfection Since y^e last Eclipse; Exactly Engraved from the Objects, whereby y^e Curious may Guess at their Religion, Manners, &c.

1725.   Price Six Pence

William Hogarth
Royalty, Episcopacy and the Law, um 1724
The British Museum, London

Königliches Theater – Karikaturen umreißen den politischen Raum:

The King must be seen

William Hogarth widmet dem königlichen Theater schon 1724 eine geniale Systemanalyse, die den politischen Raum des nachrevolutionären Königtums der Hannoveraner polemisch bezeichnet: *Royalty, Episcopacy and the La*w (Abb.). Mit einem satirischen Kunstgriff verlegt er den Londoner Hofstaat auf den Mond. Er präsentiert die Zentralinstanzen der Monarchie als arcimboldeske Automaten auf einer Bretterbühne, die durch eine Wolkenlücke im Okular eines Teleskops sichtbar werden. Als »Hauptbewohner des Mondes« treten auf: ein König auf dem Thron, repräsentiert durch sein Münzporträt, ein Bischof mit einer Maultrommel und ein Richter mit einem Hammer anstelle des Kopfes. Daneben der Hofstaat: Eine Hofdame trägt eine Teekanne auf ihrem Hals, und auch sonst besteht sie nur aus Fächer und Reifrock. Ihr Kavalier zeigt unter der Allongeperücke wie sein Souverän eine Münze statt eines menschlichen Antlitzes. Die Lakaien, deren Körper zur Gänze aus Spiegeln bestehen, dienen als Armleuchter, Schlüssel- und Perückenträger oder Abbildner ihrer Herrschaft. Der König, nur wolkenhaft noch mittels eines Architekturfragments mit der himmlisch-göttlichen Sphäre verbunden, lässt seinen Bischof mit der Schwungkraft einer heiligen Schrift klingende Münzen produzieren. Sein Richter sichert die Aktion mit dem Schwert des Gesetzes.

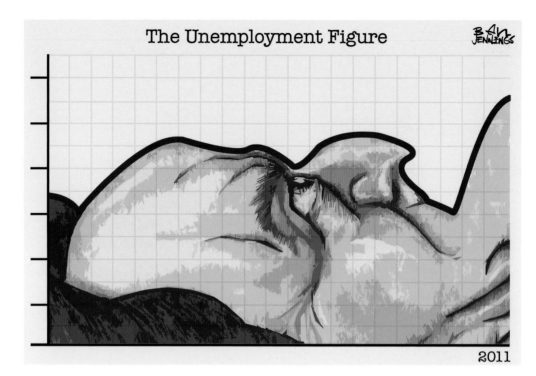

The Unemployment Figure

2011

Ben Jennings
The Unemployment Figure
2011
Besitz des Künstlers

Zehn Jahre nach Besteigen des britischen Throns durch den fremden König Georg I. zielt die Verdinglichung des Hofstaats, die allegorische Fassung, auf den abstrakten Systemaspekt der Monarchie. Gemeint ist der politische Körper des Königs im Unterschied zu seinem natürlichen. Hogarth macht dessen künstlichen Charakter in dreierlei Hinsicht historisch konkret:

Erstens kennzeichnet der Kompositcharakter der royalen Figuren die besondere Künstlichkeit der Herrschaft des Hauses Hannover, das sich nicht einer »natürlichen«, sondern einer künstlichen Erbfolge auf Parlamentsbeschluss nach der *Glorious Revolution* von 1688/89 verdankt, der »last Eclipse«, der »letzten Finsternis«, wie es ausdrücklich im Bildtext heißt.

Zweitens zielt die Persiflage des herausgehobenen und in die Mitte gerückten Episkopats auf die zentrale Legitimation der *Hanoverians* durch ihr protestantisches Glaubensbekenntnis. Obwohl Fremde von Geburt, wurden die Hannoveraner als »indigenous by ideology« angesehen, weil sie Glauben und Freiheit verteidigten.[3] Der Vorwurf der Bigotterie behauptet also, dem deutschen Herrscher diene Religion in Wahrheit nur als Mittel zum Zweck, um die Kasse klingeln zu lassen, wie auch die kleine Klingel auf der Pumpe des Bischofs anzeigt.

Drittens verfliegen Mysterium und Zauber der Monarchie bei genauerem Hinsehen. Die Pracht des Hofes relativiert sich unter Observanz. Die kritische Potenz der Karikatur manifestiert sich hier objektiv, im Okular, das sich mittels eines Rändelrings scharf stellen lässt und somit die Verhältnisse klar und deutlich zur Urteilsbildung herausstellt: »Naturgetreu nach den Objekten gestochen, wodurch die Neugierigen auf deren Religion, Sitten &c. schließen können«, heißt es im Bildtext. Die Bildsatire geriert sich als astronomisches Instrument der Gesellschaftsanalyse, das auch die Erhabensten im Staate erreicht, die sonst hinter Wolken verborgen sind. Sie radikalisiert die traditionelle britische Bottom-up-Perspektive[4] gegenüber Autoritäten und erhebt Anspruch auf Öffentlichkeit: darauf, zu erfahren, was politisch in den gesellschaftlich abgehobenen Sphären geschieht (zugleich bietet die leichte Verfremdung der utopischen Lokalisierung einen gewissen Schutz vor obrigkeitlichen Nachstellungen).

Damit weist Hogarth auf ein bis heute fortbestehendes Dilemma königlicher Herrschaft unter den Bedingungen der Moderne, vor das sich die hannoverschen Könige als Erste gestellt sahen: Wie kann sich Monarchie legitimieren, deren Geheimnisse unter dem Druck öffentlicher Betrachtung aufgedeckt, deren Zauber als »faul« entlarvt wird, auf den sie aber zum Regieren angewiesen bleibt?

Der Blick hinter die Kulissen, den die Karikatur wagt, war unter absolutistischer Herrschaft ein Sakrileg. Die Gott gleiche Position des Königs hatte Kritik unterbunden und war der Grund, weshalb vor der englischen Revolution so gut wie keine Königssatire existierte.[5] König Jakob I. schrieb dazu Anfang des 17. Jahrhunderts: »Das zu disputieren, was das Mysterium der Macht des Königs betrifft, ist ungesetzlich; denn in der Schwäche der Fürsten zu waten und die mystische Verehrung fortzunehmen, gebührt nur denen, die auf dem Throne Gottes sitzen. […] Was das absolute Vorrecht der Krone angeht, so ist es kein Gegenstand für die Zunge eines Rechtsanwalts noch darf es von Rechts wegen angefochten werden. Es ist Atheismus und Blasphemie, zu bezweifeln, was Gott vermag: Gute Christen begnügen sich mit seinem im Wort offenbarten Willen; es ist daher Anmaßung und ein großes Vergehen von einem Untertanen, zu bezweifeln, was der König kann, oder zu sagen, der König darf dieses oder jenes nicht; statt sich darein zu schicken, was des Königs in seinem Gesetz offenbarter Wille ist.«[6]

Unter dem Blickwinkel der Personalunion zwischen Großbritannien und Hannover richtet sich der Vorwurf absolutistischer Herrschafts- und Prachtentfaltung auch an Georgs Sohn. So wird Georg II. auf der Bühne seines Thronsaals in Herrenhausen mit dem Zepter in der Hand als absoluter Herrscher karikiert (Kat. Nr. 13). Auf dem Haupt balanciert er gleich fünf Kronen übereinander, Reichsapfel und Schwert liegen neben ihm, seinem Minister reicht er eine Express-Order: das Geschenk an Hannover für das Jahr 1750, das der Titel annonciert? »König Georg II. thront im Audienzsaal von Herenhausen [sic] in prächtiger Majestät mit vier Kronen auf dem Haupt, namentlich denen von England, Schottland, Frankreich & Irland neben der Kurfürstlichen, die als sein vornehmstes Erbe zuerst platziert ist« heißt es im Untertitel der 1750 bei John Ryall erschienenen Karikatur auf die Personalunion zwischen England und Hannover; »der Saal ist mit Landkarten geschmückt, die seine ausgedehnten Dominien & Titel emblematisch zeigen, und die ihm alle zusammen einen doppelt so großen Glanz verleihen wie die vielgepriesene Tiara des Papstes.«

Dieser Vergleich mit dem Papst ist im englischen Kontext denunziatorisch. Ist die Tiara doch das Symbol einer absoluten Personalunion, sie signalisiert den katholischen Anspruch einer theokratischen Herrschaft im Diesseits und Jenseits. Georgs fünffache »Union of the Crowns«[7] überreizt diese Figuration absoluter Herrschaft, die damit als Hybris kenntlich wird und Georg zur einer komischen Überfigur werden lässt.

Visuell noch gesteigert wird die Überfigur in der Radierung *Getreue Übersicht des Kurfürstentums, oder Gesicht des Landes, in dem Hannover liegt, mit einer Ansicht Herrenhausens und der Lage der Manufakturen* (Kat. Nr. 12). Dem König werden die häufigen Reisen in sein Kurfürstentum als Flucht aus England ausgelegt – in einer Kopf-Landschaft, die ihn mit seinen hannoverschen Territorien in eins setzt. Das Inbild eines solchen absoluten, den Horizont sprengenden Herrschers hatte Abraham Bosse einhundert Jahre zuvor in seinem Frontispiz zu Thomas Hobbes' *Leviathan* (1651) formuliert. Der *political body* des Königs vereinigt der Idee nach alle seine Untertanen in sich. Er wird so zum mächtigsten Wesen der Erde. Der König gibt dem Land seinen Namen und formt es nach seinem Bild: Doch Georg hat nur Herrenhausen »am Hut«, seine Manufakturen verfallen, und das Land ist übersät von Militärzelten. Das Bühnenbild einer politischen Verfalls-Landschaft war für Zeitgenossen eine leicht durchschaubare Inszenierung. Die Einheit von politischem und natürlichem Körper des Königs ist aufgegeben, die Identifikationsfigur des politischen Riesen ist zur Ego-Figur der natürlichen Person geworden. Georg flüchtet sich nach Deutschland, um von dort aus uneingeschränkt herrschen zu können – zu einem Preis, den England wie Hannover zahlen. Die Metapher der menschlichen Landschaft findet bis heute ein Echo in der zeitgenössischen politischen Grafik Englands wie bei Steve Bell (Kat. Nr. 72) oder Ben Jennings (Abb. S. 12).

Auf dem Höhepunkt der Französischen Revolution generalisiert William Blake den Angriff auf die Krone an sich. Er apostrophiert den theokratischen Herrscher als vampirhaftes Ungeheuer mit Fledermausflügeln in einem roten, wie in Strömen von Blut endenden Hemd (Kat. Nr. 14). Auf dem Haupt trägt er die seinen mehrfachen Machtanspruch symbolisierende Tiara, in der Hand hält er das im Bild zitierte »bronzene Buch«. Sowohl der Papst wie Georg III. als Haupt der Anglikanischen Kirche sind

THE STATE BLACKSMITHS
Forging fetters for the Americans
Published according to Act of Parliament 1st March 1776.

»Kings & Priests« zugleich und Repräsentanten einer Herrschaftsform, die Thomas Paine kurz zuvor als »Popery of Government«, als Regierungspapismus, verurteilt hatte.[8]

Auch den dritten Herrscher aus dem Hause Hannover trifft das Verdikt absolutistischer Zwangsherrschaft, nachdem sich mit seiner Person zunächst Hoffnungen auf einen patriotischen, die Interessen des Landes uneigennützig vertretenden König verbunden hatten. Oppositionelle Karikaturen machen ihn für den Verlust der amerikanischen Kolonien verantwortlich. In *Die Schmiede des Staates* lässt Georg die Fesseln für seine amerikanischen Untertanen schmieden (Abb.); bei Thomas Rowlandson ist er der böse Zauberer Bacon, der mit Hilfe geheimer Machenschaften die Gewaltenteilung der britischen Verfassung aufheben und zu absoluter Alleinherrschaft zurückkehren will (Abb. S. 15). Noch 1792 ist er für Richard Newton das ungeheure Schreckgespenst, das die Unterdrückungsparolen von Pitts »Terrorherrschaft« ins Land brüllt (Kat. Nr. 50)[9].

Neuer Kult der Monarchie

Doch ab 1784 begann sich das Image der Monarchie nach dem Sturz der North-Fox-Koalition, die wegen des Zusammengehens zuvor verfeindeter Politiker als raffgierig und korrupt galt, zu verändern. Zwei Faktoren begünstigten diesen Wandel. Der erste ist in der siebzehnjährigen Regierungszeit des jüngeren William Pitt als Premierminister wie in der Person des Königs selbst zu sehen. Pitt tritt politisch derart in den Vordergrund, dass die Karikaturisten ihn als den eigentlichen Kopf hinter dem Monarchen wahrnehmen, welcher den Regenten steuert und seine Schritte lenkt (Kat. Nr. 49). Georgs rückläufiger Einfluss wird noch durch erblich bedingte Wahnsinnsanfälle verstärkt, die 1788 erstmals zum Ausbruch kommen und ihn nach 1810 allmählich in die Geisteskrankheit abgleiten lassen. »Doch genau dieser abnehmende

direkte königliche Einfluss trug zum wachsenden, geheimnisvollen Nimbus der Monarchie bei.«[10] Die Krankheit des Königs zeitigt eine paradoxale Wirkung royaler Schwäche: die Verletzlichkeit des Königs trägt zu seiner Vermenschlichung bei und bietet nun Anknüpfungspunkte für eine populäre Identifikation. Der sparsame Pedant, der eine Hofuniform einführt und unzuverlässiger Presseberichterstattung über die königliche Familie mit der Einrichtung des *Court Circular* (Hofnachrichten) begegnet; der ein moralisches Privatleben nach christlichen Grundsätzen führt, sich seinen Hobbies und der Landwirtschaft widmet, wird nun als tugendhafter und ordnungsliebenden Familienvater gefeiert, als »Farmer George« und »Milchmann aus Windsor« (Kat. Nr. 19), perfekt ergänzt vom weiblichen Tugendimage seiner Königin Charlotte, mit der er fünfzehn Kinder hat. Auf dieses Muster der patriotischen Modellfamilie bleiben die Royals bis in die Mediengesellschaft der Gegenwart verpflichtet.

Der zweite Faktor, der Angriff auf das Königtum im revolutionären Frankreich, war entscheidend verantwortlich für die wachsende Popularität der Monarchie in England. Die Gloriole der Monarchie vertreibt in Gillrays *Light expelling Darkness* das drohende Unwetter eines republikanischen Regimes – gestützt auf die braunschweigisch-hannoversche Erbfolge, die Bibel und den in heroischer Nacktheit gegebenen Wagenlenker Pitt (Kat. Nr. 53). Georg wird zum moralischen Exempel, zum Hoffnungsanker und patriotischen Helden, der nach dem Tod Pitts Napoleon im Kriegstheater allein entgegentritt (Kat. Nr. 23). Als riesiger *King of Brobdingnag* demonstriert er die Besiegbarkeit des Feindes (Kat. Nr. 21) oder kämpft als Heiliger Georg den Drachen Napoleon nieder (Abb. S. 16).

Die historischen Siege in den epochalen Auseinandersetzungen über das revolutionäre Frankreich und Napoleon um 1800 sowie über Deutschland im 20. Jahrhundert ermöglichten der britischen Monarchie das Überleben, während auf dem Kontinent die Monarchie zur politischen Ausnahmeerscheinung geriet. »So kam es, dass der Sieg in allen dreien dieser massiven Konflikte die Existenz der Monarchie sichern half und ihr eine Art abergläubischer Attraktion und Charisma verlieh.«[11] Der Nimbus der Monarchie wurde immer wieder hergestellt, intentional und theoretisch reflektiert; zynisch wie im Fall Walter Bagehots, der die Masse der Engländer für demokratieuntauglich hielt und die Monarchie in seiner bis heute kanonischen Beschreibung des englischen Regierungssystems als Camouflage der wirklich Herrschenden beschrieb.[12] Er verteidigte die »ancient show«[13] in der Mitte der viktorianischen Ära mit ähnlichen Worten

wie Jakob I. zweieinhalb Jahrhunderte zuvor: »Vor allem muss unser Königtum verehrt werden; wenn man anfängt, darin herumzustochern, kann man es nicht verehren. Wenn es einen [parlamentarischen] Sonderausschuss zur Königin gibt, wird der Charme der Monarchie dahin sein. Ihr Mysterium ist ihr Leben. Wir dürfen kein Tageslicht auf ihren Zauber fallen lassen. Wir dürfen die Königin nicht in den Streit der Politik einbeziehen, oder sie wird aufhören, von allen Kombattanten verehrt zu werden; sie wird zu einer Kombattantin unter vielen. Die Existenz dieser geheimen Macht ist der reinen Lehre nach zwar ein Defekt unseres Verfassungswesens; aber ein Störfall eben in einer Zivilisation wie der unseren, in der erhabene und daher unbekannte Mächte gebraucht werden, genauso wie bekannte und dienstbare.«[14]

Der royale Einfluss reicht so weit, dass er selbst Sozialisten und Gewerkschafter gegen Ende ihrer Karriere zu Royalisten werden lässt. So zeichnete Gerald Scarfe den Labour-Premier Harold Wilson, der sich selbst immer als »Mann des Volkes« verstanden hatte, im Adelshabit und mit der Krone in der Hand. Während sein Strumpfband noch die Losung »Sozialismus« trägt, fragt die Inschrift auf der Krone: »Verkaufen wir uns am Ende alle?« (Abb. S. 17).

Für die Karikatur bedeutet diese nicht enden wollende Geschichte der Monarchie die Existenz eines festen, stets abrufbaren, stets präsenten und zu Vergleichen anregenden Bildreservoirs und einer generationsübergreifenden Bilderzählung. Dieser Vorteil eines kontinuierlichen, konzentrierten Diskurses

Gerald Scarfe
Harold Wilson
1976
National Portrait Gallery

bildet eine wichtige Voraussetzung für die Erfolgsgeschichte und die Ausnahmestellung der Geschichte der englischen Karikatur. So kann etwa Martin Rowson im Jahr 2008 das feierliche, nach Neuwahlen wiederkehrende Ritual der Rede der Königin zur Parlamentseröffnung kritisieren, bei der sie das Programm der neuen Regierung verliest, indem er sich spöttisch, direkt und ohne Erklärung auf Walter Bagehots berühmte Unterscheidung der *dignified parts* und der *efficient parts* der britischen Verfassung bezieht (Kat. Nr. 31). Der irritierten Königin, dem »würdevollen Teil« der Verfassung, setzt er dabei den griesgrämigen, politisch kompromittierten Sprecher des Unterhauses auf den Schoß. Diese Parodie auf die sakrale Bildformel der Mutter Maria mit dem Kinde wird weiter durch das »Regierungsprogramm« entweiht, das verschärfte Bestimmungen für »Schoßtanzetablissements« ankündigt, während der Gemahl der Königin im Hintergrund schmerzhaft das Gesicht verzieht. Rowson legt damit ironisch die Hoffnung nahe, dass das königliche Theater auch in seiner parodistischen Fassung »die Massen ergreifen« und »durch einen unmerklichen, aber allmächtigen Einfluss die Assoziationen ihrer Untertanen lenken« möge.[15]

Bereits 1991 hatte Rowson – wie William Hogarth 283 Jahre vor ihm – Funktion und Wirkungsweise der Monarchie in der systematisierenden Federzeichnung *The Monarchy, redesigned as a Computer* (Kat. Nr. 44) satirisch zusammengefasst. Auch Rowson präsentiert die Monarchie als Automaten. Auch bei ihm artikuliert sich die gesellschaftliche Präsenz des Monarchen über dessen Münzbild. Und auch bei ihm erschöpft sich das Königtum im Geldeinnehmen – à fonds perdu: für den Betrieb des Systems im Verbrennungsmotor, der erhebliche Umweltschäden verursacht. Das Königtum ist für ihn ein Perpetuum mobile der besonderen Art.

Doch ist es zu einem ehernen Gehäuse verhärtet, das trotz spaßiger Gimmicks bedrohlichen Charakter besitzt. Ein behandschuhtes Metronom zum Zuwinken an treue Untertanen, ein Torpedorohr zum Abschießen von Champagnerflaschen bei Schiffstaufen können nicht davon ablenken, dass die Basis des Ganzen von einer Panzerlafette »Made in Germany« gebildet wird – historische Reminiszenz an deutsches Wesen, Produktqualität und die genealogischen Wurzeln des Hauses Windsor in einem. Die Panzerketten machen die Monarchie für jedes Gelände tauglich, sei es Fuchsjagd, Commonwealth-Tour oder innerstädtisches »Umhergondeln« – eine Dimension, die der gängigen Einschätzung der Monarchie als irrelevant widerspricht.[16]

Im Vordergrund steht jedoch das Machtinstrument royaler Bildproduktion: Ein »einfaches Computerprogramm« spult fünfundzwanzig Klischees in bewährter Mischung an einer rollenden, gobelinartigen Blendfassade ab, die die Massen faszinieren soll: mit patriotischen Symbolen wie dem britischen Löwen und dem Einhorn des königlichen Wappens, der Union Flag, mit kostbaren Metallen, Edelsteinen und erlesenen Kunstwerken in Endlosschleife. Rowsons Facelifting thematisiert die *soft power* der Royals, denen es seit den Hannoveranern immer wieder gelingt, den Widerspruch zwischen Herkommen und Moderne, Neuheit und Tradition zu versöhnen, ohne über die Mittel direkter Herrschaft zu verfügen, sowie sich mittels alter Rollenbeschreibungen und »erfundener Traditionen«[17] ein aktuelles Image zu erhalten.

Karikatur, ein neuer »Akteur«

Im klassizistisch geprägten Familienverbund der Künste des 18. Jahrhunderts war die Karikatur ein Neuling und ein unbedeutender, leicht zu übersehender Teil der Presse, das heißt des Ensembles der verbreiteten Druckerzeugnisse, der Pamphlete, Einblattdrucke, Zeitungen, Zeitschriften, Bücher und Plakate. Sie stellte eine neue, nicht etablierte Bildform »zwischen den Stühlen« von Journalismus, Illustration, Porträt und Hochkunst dar, praktiziert von gesellschaftlich verachteten »Kritzlern und Radierern«[18]. Abgelehnt von William Hogarth, dem Protagonisten einer nationalen Kunst und eines dritten Weges zwischen *high* und *low*, aber auch ohne Muse an der neu gegründeten königlichen Akademie der Künste, gelingt es der ungeliebten Cinderella[19] dennoch, in den königlich protegierten Systemraum der Künste einzudringen und ihren Anspruch gegen die Schwesterkünste geltend zu machen.[20] Das »goldene Zeitalter« der englischen Karikatur fällt mit der Regierungszeit Georgs III. von 1760 bis 1820 zusammen. Dabei scheinen Karikatur und Königtum auf den ersten Blick inkompatibel, das Medium methodisch-komischer Entwürdigung unvereinbar mit dem Prinzip royaler Erhabenheit zu sein. Und doch gibt es eine Reihe von Umständen, die für die Entstehung der neuen Bildgattung gerade im England der hannoverschen Könige verantwortlich sind.

Grundlegend sind die politischen Veränderungen nach der Glorious Revolution von 1688, die die Monarchie auf den Weg einer konstitutionellen Monarchie bringen. Zuvor hatte 1649 das absolute Königtum mit Karl I. seinen Kopf verloren. Die Existenz eines Parlaments und widerstreitender Parteien, von Whigs und Tories, schränken die Handlungsmöglichkeiten der nach wie vor mächtigen Monarchen nach und nach ein, die noch immer über Krieg und Frieden, die Auflösung des Parlaments, die Ernennung von Ministern oder die Vergabe von Stellen entscheiden konnten. Die konstitutionelle Beschränkung der Monarchie hatte vor allem Auswirkung auf die finanzielle Ausstattung, während die praktische Politik immer stärker in die Hände von Ministern übergeht. Der »Whig« Robert Walpole ist über zwei Jahrzehnte lang die beherrschende Figur der britischen Politik unter den ersten beiden hannoverschen Königen – zuerst de facto und ab 1730 formell als erster Premierminister Großbritanniens (Kat. Nrn. 7, 8, 78).[21]

Der Karikatur ebneten aber vor allem die Beendigung der Vorzensur für Druckerzeugnisse und die Entstehung relativer Pressefreiheit schon 1695 den Weg. Statt der Genehmigungspflicht und Zensur war das Druckerzeugnis nun dem Gesetz und der juristischen Auseinandersetzung unterworfen. »Nach

1695 stand zur Debatte, wie das Gesetz angewandt und was als aufrührerischer, blasphemischer, obszöner oder verleumderischer *libel* (*libellus*: Buch, Schrift) definiert wurde.«[22] Der Fortfall der Genehmigungspflicht führte zum Aufblühen eines vielfältigen Pressesektors. Zeitungen konnten sich von Nachrichtenbörsen für Handel und Gewerbe zu Organen des öffentlichen Meinungskampfes entwickeln (die Parlamentsberichterstattung wurde allerdings erst seit 1772 geduldet). Karikaturen stellten eine Hauptwaffe der Opposition gegen die fremden Könige aus Deutschland dar und standen ab den 1720er- und 1730er-Jahren im Dienst antiministerieller Propaganda; anfangs als Illustration für Journale, Traktate, Flugblätter, Balladen und sogar Fächer, dann zunehmend als eigenständige Bilddrucke.[23]

Freiraum der Karikatur

Die englische Karikatur konnte so zu einem frivolen, von den moralischen und ästhetischen Verantwortlichkeiten der Hochkunst freien Raum werden; zu einem Ort organisierter, zumindest tolerierter Unverantwortlichkeit und Experimentierlust, dem von der Obrigkeit eine Art örtlich begrenzter, karnevalesker Lizenz zur Verkehrung der gesellschaftlichen Verhältnisse erteilt wurde, wie ausländische Besucher immer wieder bewundernd feststellen: »… so findet das Englische Volk in jedem Caricaturgemälde sein großes Vorrecht bestätiget, alle Thorheiten ohne Unterschied und ohne kleinliche, ängstliche Rücksichten frei und öffentlich zu belachen«, schrieb Christian August Gottlieb Goede auf seiner Reise nach Großbritannien 1802.[24]

Während Mitte des 18. Jahrhunderts die »windige Rückseite« (Kat. Nr. 7) des englischen Königs in englischen Karikaturen exponiert werden konnte, war sein Bild in seinen deutschen Territorien dagegen sakrosankt: Um 1750 war es in Hannover noch üblich, vor besonders wichtigen Entscheidungen des Regenten, die der Geheime Rat zu unterzeichnen hatte, das Porträt des Kurfürsten in den Raum zu bringen und auf seinem vakanten Stuhl zu platzieren, dem der Hofstaat seine Reverenz zu erweisen hatte.[25] Diese dem Bild direkt übertragene Nobilitierung, die die offizielle Hochkunst mit ihren Werthierarchien vermittelt spiegelt, gilt es zu berücksichtigen, um heute die satirische Tiefe der Zerrbilder des Royalen zu ermessen, wie sie die englischen Karikaturen bereits in der ersten Hälfte des 18. Jahrhunderts auszeichnet.

Dieser im historischen Vergleich einmalige Freiraum wäre nicht ohne mächtige Unterstützung zu erlangen gewesen. Der größte Schutz für die Freiheit der Karikatur hatte in der intensiven Beteiligung der Aristokratie und der besitzenden Klassen an Entwurf, Förderung und Gebrauch der Drucke bestanden. Adelige Karikaturamateure wie George Townshend praktizierten selbst, zeichneten oder ließen ihre Entwürfe von professionellen Stechern wie Mary Darly umsetzen. Auf der *Grand Tour* waren sie in Italien in Kontakt mit der italienischen Porträtkarikatur von Pier Leone Ghezzi gekommen und unterwarfen sich ihrerseits bereitwillig dem Spiel der gezielten Entstellung (Abb. S. 20). Karikatur wurde zu einem Teil der Währung des politischen Lebens — ein akzeptierter Preis des Ruhms und der gesellschaftlichen Bekanntheit, die es klugerweise zu ignorieren und zu verachten galt, wollte man nicht für provinziell gehalten werden.[26]

Kontrolle der Karikatur

Andrerseits war dieser Raum kein interventionsfreier. Auch die englische Karikatur unterlag der Kontrolle seitens der Regierung – allerdings konnte diese nicht mehr frei über Verbote entscheiden. Sie musste bei all ihren Maßnahmen Opportunitätserwägungen hinsichtlich der Auswirkungen auf eine mediale und bürgerliche Öffentlichkeit anstellen, um unerwünschte Rückwirkungen auszuschließen. Verbote oder auch nur juristische Verfolgung waren unter Umständen kontraproduktiv, sodass eine stillschweigende Tolerierung dem öffentlichen Eklat vorzuziehen war. Der gewachsene Stellenwert und die politische Bedeutung, welche die Karikatur erlangt hatte, werden gerade in der ihr gewidmeten behördlichen Aufmerksamkeit deutlich. Von direkter Zensur abgesehen, stand den englischen Behörden ein ganzes Bündel von Kontroll- und Regulierungsmitteln unliebsamer Bildpublikationen zur Verfügung.

Neben gesetzlichen Mitteln wie juristischer Klagen wegen Verleumdung sowie der Verfolgung aufrührerischer Schriften, die bei Bedarf per königlichem Erlass verschärft werden konnten, standen auch

Thomas Rowlandson
**Caricature of an
elderly Aristocrat**, o.J.
The British Museum, London

administrative zur Verfügung. Dazu gehörten neben der Einschüchterung von Verlegern durch bloße Androhung solcher Maßnahmen die aktive Bestechung und der Einkauf von Karikaturisten und Journalisten, um bestimmte Themen nicht oder nur auf bestimmte Art behandeln zu lassen, sowie der Aufkauf unliebsamer Blätter, Druckplatten oder ganzer Auflagen, bevor sie auf dem Markt erscheinen konnten. Weiter gehörte dazu das Verfassen von Artikeln durch Regierungsmitglieder oder -untergebene, die etwa in der *Anti-Jacobin Review* erschienen. Sogar der Kauf ganzer Zeitungen[27] oder die Neugründung von Zeitungen wie die des *White Dwarf* gegen den subversiven *Black Dwarf* kam vor, um dem Einfluss oppositioneller Blätter zu begegnen.

Damit jedoch nicht genug. Zur britischen Regierungspraxis gehörte in Krisenzeiten auch die Organisation oder Ermutigung inoffizieller sozialer Kontrolle und Denunziation. Privatinitiativen und loyalistische Gesellschaften wie die von John Reeves 1792 gegründete *Vereinigung zum Schutz von Freiheit und Eigentum gegen Republikaner und Gleichmacher* übten gegen oppositionelle Verleger, Zeichner, Verkäufer und Rezipienten erheblichen Druck mit ihren Aktionen aus (Kat. Nr. 100). »Diese umfassten systematische Verfolgungskampagnen wie die gegen den radikalen Freidenker Richard Carlile und sein ›Corps‹ freiwilliger Ladengehilfen durch zwei konservative Privatgesellschaften unter dem Namen *Verfassungstreue Widerstandsassoziation gegen das Fortschreiten illoyaler und aufrührerischer Prinzipien* und

Gesellschaft zur Unterdrückung der Sünde. Die Verfolgung von Verkäufern durch die Regierung war ebenfalls weit verbreitet, besonders nach dem berühmtem Rundschreiben von Lord Sidmouth [...] vom März 1817, das die ländlichen Magistrate drängte, Personen zu verhaften, von denen man glaubte, sie würden aufrührerische Schriften verkaufen, da nach dem Gesetz der Verkäufer als Verleger galt. Weitere Schikane wurde durch den Entzug von Lizenzen für Tavernen ausgeübt, die radikale Zeitungen ausleg-ten.«[28] Das Magazin *Loyalist* erklärte in den 1820er-Jahren, dass »Parodien, Stiche, Karikaturen, Zoten und Lächerlichkeit« zu Unruhen und Aufständen provozieren würden.[29]

Die zum Teil landesweiten loyalistischen Netzwerke sammelten jedoch nicht nur belastendes Material, sondern publizierten ihrerseits Propaganda-Broschüren und Stiche.

Politische Funktionen der Karikatur

Zeitgenössische Besucher vom Kontinent sahen weniger die Kontrollmechanismen als vor allem den politischen Freiraum. So interpretiert Goede die englische Karikatur als Instrument der Aufklärung. Er ordnet ihr fünf Funktionen zu. Erstens leiste Karikatur zwar keinen Beitrag zur Kunst, sondern stelle eine flüchtige Form tagesaktueller Volksbelustigung dar, die aber dennoch von großem Nutzen sei. Denn zweitens sei die Karikatur ein Informations- und Anschauungsmittel der politischen Parteien und drittens ein Mittel des freien, öffentlichen politischen Diskurses und bürgerlicher Selbstverständigung. Viertens sieht er in ihr eine Art politisches Sicherheitsventil für aufgestaute, systemgefährdende Energien; und schließlich fünftens sei sie ein Warninstrument für die Herrschenden, das sie daran erinnerte, selbst öffentlicher Kontrolle zu unterliegen.[30] Goedes Einschätzung wirkt trotz dieses analytischen Funktions-katalogs insofern naiv, als er von einer weitgehenden Unabhängigkeit »der Künstler« auszugehen und die Möglichkeit ihrer Instrumentalisierung für ihn nicht in Betracht zu kommen scheint. Erstaunlicher-weise reflektiert er mitten in den historischen Auseinandersetzungen mit dem nachrevolutionären Frank-reich die Karikatur nicht als visuelle Waffe und Form der Propaganda.

Propaganda

Anders dagegen die Karikatur selbst. Sie thematisiert punktuell ihre eigene Wirksamkeit auf den französischen Feind. George Cruikshank etwa imaginiert in *French Generals receiving an English Charge* (Kat. Nr. 65) die französische Rezeption: Napoleon und sein Außenminister Talleyrand lachen über englische Karikaturen zum Clarke-Skandal, in denen der britische Oberkommandierende und Sohn des englischen Königs Georg III. verspottet wird, konkret nachvollziehbar als Bild im Bild mit identifizierbaren Karikaturen. Dies ist eine der motivisch direktesten Darstellungen der Rolle visueller Satire in der nicht zuletzt als Propaganda-Krieg geführten Auseinandersetzung mit Napoleon: Indem die französische Rezeption anhand real-existierender, identifizierbarer Karikaturen gezeigt wird, wird der britische Befehlshaber als Objekt der Feindbelustigung gedemütigt, zugleich aber auch die Neugier des heimischen Publikums, sicher nicht zum finanziellen Nachteil des Verlegers, weiter angeheizt. Ziel ist die Herabsetzung des offiziell mit großem Aufwand von der französischen Propaganda verbreiteten Idealbilds – vom Revolutionär bis zum Kaiser Napoleon.

Satiriker mit einer eigenen politischen Agenda wie Steve Bell beziehen sich im 20. Jahrhundert kritisch auf dieses historische Beispiel für die Wirksamkeit des politischen Bildes; dessen Reduktion auf einen eindimensionalen Schlagbild-Aspekt[31] lehnen sie indes ab, wie Bell in seiner Hommage an die Revolution von 1789 und ihren großen britischen Satiriker James Gillray verdeutlicht (Kat. Nr. 60). Bell hebt hervor, dass sich Gillray nicht vom Propagandabild des Franzosen Louis-Léopold Boilly blenden lässt, der den Schauspieler Simon Chenard 1792 als plebejisch-revolutionären Sansculotten posieren lässt (Kat. Nr. 59), sondern die Realität eigenständig vermisst. Doch Bell distanziert sich zugleich von der politischen Tendenz seines künstlerischen Vorbildes, indem er Gillray und seinem antirevolutionären Furor ausdrücklich den Dank verweigert. Bells modernes Vorbild Ronald Searle folgt in seinem Kommentar von Boillys Gemälde der brechtschen Devise »Erst kommt das Fressen, dann kommt die Moral«: Er steckt dem ausgemergelten Chenard ein Hühnchen auf die Pike (Abb. S. 23).

Karikatur als *chronique scandaleuse* oder Grenzen des Anstands

Das schockierende, öffentliche Aufmerksamkeit erregende Vorkommnis, der Skandal, begleitet die Geschichte der Königssatire seit ihrer Frühzeit unter den Hannoveranern, wie das anstößige *Fest des goldenen Gesäßes* belegt (Kat. Nr. 7). Der Skandal ist gewissermaßen ihr Geburtsmakel. Wird doch die Karikatur auf diese Weise nicht nur als das geborene Skandalmedium, sondern auch gleich in ihrer Doppelrolle als skandaldarstellendes und skandalmachendes Medium kenntlich. Zwar gilt der Skandal als Indiz einer funktionierenden Öffentlichkeit, doch besitzt er in dieser Hinsicht nur geringen Erkenntniswert, wie dieser inszenierte und mutmaßlich erfundene Theaterskandal ebenfalls zeigt. Er täuscht Öffentlichkeit nur vor, um sie sogleich abzuschaffen: Statt zum Verbot des Stückes führte er zur Zensur der ganzen Gattung für die nächsten 231 Jahre (die Theaterzensur wurde in England erst 1968 abgeschafft).

Aufgrund ihres sozial und politisch tolerierten Freiraums wird die Karikatur zum Organ der Skandalhistorie lange vor Erscheinen der Fotografie. Sie muss nicht auf die langen Teleobjektive der Paparazzi des 20. Jahrhunderts warten, um die *corpora delicti* zu porträtieren. Sie kann die »Bewohner des Mondes« mit ihren Mitteln auf die Erde zitieren, sie ins Kämmerchen, bis ins Bett und darüber hinaus verfolgen. Die Mitglieder der königlichen Familie oder die Monarchen selbst gehören zu ihren bevorzugten Objekten. Je höher das »Opfer« in der gesellschaftlichen Rangordnung steht, desto größer die skandalöse Potenz, desto explosiver die Energie des polemisch-entstellenden Bildes.

König Georg II. erscheint in der Rolle des amourös versierten biblischen Königs Salomo mit seiner verheirateten, deutschen Mätresse Amalie von Wallmoden, die ihm ans Bein geht (Kat. Nr. 77); die uneheliche Tochter des Premiers Robert Walpole, Lady Churchill, die sich im hoch sexualisierten Hofmilieu dem König beim Federballspiel andient (Kat. Nr. 78); der Thronfolger und Prince of Wales schwelgt im Liebesakt mit seiner illegitimen katholischen Ehefrau Maria Fitzherbert (Kat. Nr. 82); Georg IV. liefert sich eine eheliche Schlammschlacht mit seiner Cousine und ungeliebten Ehefrau Caroline (Kat. Nr. 89); ein anderer Prince of Wales eifert ihm im 20. Jahrhundert mit einer Märchen-Scheidung nach (Kat. Nr. 94): Die Karikatur liefert eine schier endlose *chronique scandaleuse*.

Das Skandalöse gehört zum inneren Kernbereich der Karikatur. Sich über Missstände im Sinne eines moralischen Gefühls zu empören, bildet einen der primären psychologischen Antriebe der Satire. Und wie dem Skandal ist ihr die Grenzüberschreitung und -verletzung wesentlich, formal sogar per definitionem. Äußerlich betrachtet bildet der Skandal den Treibsatz der Karikatur: er ist ihr Anlass, liefert Motiv und Gegenstand des Spotts. Der karikierte Skandal dokumentiert die Überschreitung (veränderlicher) sozialer Grenzen – des Anstands oder des Dekorums im Doppelsinn des ästhetisch oder moralisch Schicklichen.

So thematisiert Thomas Rowlandson im ausgehenden 18. Jahrhundert den unerhörten Umstand, dass Frauen die Grenzen ihrer tradierten Geschlechterrolle negieren und sich politisch in aller Öffentlichkeit engagieren, wie die Herzogin von Devonshire in der berühmten Wahl von 1784. Die aristokratischen Frauen werden dafür mit dem Vorwurf der Prostitution und des Fraternisierens mit den unteren Klassen überzogen (Kat. Nr. 79).

Der Prince of Wales widersetzt sich den Direktiven des Königs und schert sich nicht um die gesetzlichen Vorschriften der Dynastie. Der Kronprinz und spätere Georg IV. macht als Bonvivant horrende Schulden und führt ein Lotterleben in absolutem Gegensatz zu den strengen moralischen Maßstäben des sparsamen Vaters. Er kümmert sich bei seiner Partnerwahl weder um den *Act of Settlement* von 1701, der Mitgliedern des Königshauses katholische Verbindungen untersagte, noch um den *Royal Marriages Act* von 1772, der die Heirat von Nachkommen Georgs II. ohne Zustimmung des regierenden Monarchen verbietet (Kat. Nrn. 24, 82). Eine politische Komponente erhielt die skandalöse Lebensführung des Prinzen durch die Gesellschaft mit den oppositionellen Whigs um Charles James Fox.

Die Grenzen aristokratischen Dekorums überschritt auch die öffentliche Liebesaffäre zwischen Lady Hamilton und dem populären Seehelden Horatio Nelson, die den bekannten Antikensammler und britischen Botschafter am spanischen Hof in Neapel, Sir William Hamilton, kompromittierte. Alle drei lebten nach ihrer Rückkehr aus Italien im Jahr 1800 bis zu Hamiltons Tod 1803 in einer skandalösen

Ronald Searle
**For the Bicentenary of
the French Revolution**
1989
Privatbesitz

Ménage-à-trois, sodass Hamilton bei Hof zur Persona non grata und von den Zeitungen und Karikaturisten als Hahnrei verspottet wurde (Kat. Nrn. 80, 81).

Der Fall des Herzogs von York und seiner aus sogenannten einfachen Verhältnissen stammenden Geliebten Mary Anne Clarke 1809 verbindet eine Sex- mit einer Korruptionsaffäre. Die Stieftochter eines Druckers aus der Fleetstreet wurde beschuldigt, Offizierspatente im Namen des Feldmarschalls und Oberkommandierenden der britischen Armee verkauft zu haben (Kat. Nr. 65). Whigs und radikale Oppositionelle nutzten ihren Fall, um die Regierung anzugreifen und machten Mrs. Clarke zu einer politischen Größe, die im Parlament vor 600 Mitgliedern eines Untersuchungsausschusses Rede und Antwort stehen musste. Unter öffentlichem Druck trat der Herzog schließlich von seinem Posten als Oberbefehlshaber zurück (den er 1811 wieder zurückerhielt). Der Skandal, der zu einer Fülle von Pamphleten, Karikaturen und einem signifikanten Auflagenanstieg der Zeitungen führte, galt als Widerstand gegen die »Old Corruption«[32] aus Adel und Gentry. Clarkes Image als Freiheitskämpferin und Frau, der Unrecht getan wurde, nimmt in vielem die Königin-Caroline-Affäre vorweg.

Die Affäre um Königin Caroline, die ihr Recht auf Teilhabe an der Herrschaft geltend macht und von ihrem Mann Georg IV., der sich mit allen Mitteln von ihr scheiden lassen will, 1820 an der Tür zur Krönungskathedrale abgewiesen wird, gehört zu den gravierendsten Krisen des britischen Königshauses (Kat. Nrn. 87, 88, 89). Der Skandal wurde von der radikalen Presse aufgegriffen, die die »Rebel Queen«[33]

zu ihrem antiroyalen Idol kürte; er ist wesentlich mitverantwortlich für den Umstand, dass »zwischen 1812 und 1830 die formelle Monarchie weitgehend verachtet wurde.«[34]

Das Modell des patriotischen Königs und seiner moralischen Musterfamilie, das sich unter Georg III. entwickelte und das von den Windsors übernommen wurde, erwies sich – trotz seiner Anfälligkeit für biologische, soziale und sonstig bedingte dynastische Ausfälle – als erstaunlich überlebensfähig und langlebig.

Die häuslichen Melodramen der Royals unterscheiden sich, von der Höhe der Bühne abgesehen, nur wenig von den Affären der übrigen Gesellschaft. Scheinbar misslingende Adoleszenzen gewinnen teilweise eine politische Dimension – im Fall des zukünftigen Georgs IV. um 1800 ebenso wie in dem von Prinz Harry im 21. Jahrhundert. Skandale und Skandälchen liefern den Stoff für notorisch inhaltsarme Medien in einer Gesellschaft, in der mit Aufmerksamkeit gezahlt wird. Doch die Krisen und das zeitweilige Negativimage der Royals konnten dem Modell letztlich nichts anhaben. Im Gegenteil: Sie trugen gemäß dem Prinzip der Negativwerbung, nach dem eine schlechte Presse gar keiner Presse vorzuziehen sei, zum Image einer Monarchie bei, die sich mehr und mehr zur Gesellschaft hin öffnet; in einer Gesellschaft, in der der Zufall der Geburt als Lotterielos hingenommen wird, das auch der Niete eine Chance gibt,[35] und in der das »Menschlich allzu Menschliche« mit der Personalisierung der Politik zu einem immer stärkeren politischen Faktor wird. Die traditionelle soziale Exterritorialität, die Positionierung außerhalb der bürgerlichen Welt, garantiert den Royals noch immer einen Freiraum, ein Spielfeld in einer anderen Liga: »They're a living spectacle«, sagt Steve Bell. Das eigentlich verfassungstheoretische Argument, nachdem der König nicht unrecht handeln kann,[36] bewährt sich so noch in der egalitären Massenmediengesellschaft, auch wenn dieser Freiraum nur mühsam unter Berufung auf bürgerliche Rechte aufrechtzuerhalten ist, wie juristische Scharmützel um die verletzten Bildrechte nacktbadender Prinzessinnen oder um gehackte Palasttelefone zeigen.

Das ist eine Bilanz, der selbst royalistischer Sympathien unverdächtige Federn Tribut zollen: In *God Save the Queen!* zeigt Martin Rowson 2012 eine Königin, die die Bildpolitik souverän beherrscht (Abb. S. 25). Elisabeth II. trägt ein Shirt mit dem Cover-Motiv der Single *God Save the Queen* von den Sex Pistols. Es rückt das Königtum in die Nähe faschistischer Regime. Indem sich die Königin die Argumente des Gegners »anverleibt«, zeigt sie ihre Stärke.[37] Karikatur webt mit am royalen Tuch, auch in seiner Negation.

Grenzen des Anstößigen? Satire- und Pressefreiheit

An eine absolute Grenze stießen die Cartoonisten aber mit einem Gesetz, das nach einem Attentatsversuch auf Georg III. 1795 erlassen wurde, das den geduldeten Freiraum des Komischen einschränkte. Aus Angst vor Versuchen, eine revolutionäre Republik auch im Vereinigten Königreich zu errichten, und befeuert von Bild-Reportagen und Stichen von der Hinrichtung Ludwigs XVI. in Paris (Kat. Nr. 103) wurde es unter Strafe gestellt, sich die Beeinträchtigung der Person des Königs oder gar seinen Tod auch nur in der Fantasie vorzustellen. Ein Gesetz, das in wichtigen Teilen bis heute Bestand hat.

Das Verbot der Fantasien des *King Killing* war freilich ein Tabu, das wie alle Setzungen gleichzeitig auch den Reiz in sich birgt, es zu brechen.[38] So bilden Fantasien von der Ermordung des Königs einen latenten, aber beständigen Teil der Hintergrundmetaphorik royaler Ikonographie seit der Hinrichtung Karls I. im 17. Jahrhundert. Bilder der Königstötung gehören zur Unterströmung britischen Bewusstseins, die in Krisen des Königshauses an die Oberfläche treten. Die eigentlich extreme Form der *lèse-majesty*, der Majestätsbeleidigung, wird zum Spiel- und Reizmaterial der Karikatur, an der sich die Frage der Limitierung eines Bildmediums aufdrängt, dessen Wesen in der Grenzüberschreitung besteht.

George Cruikshank etwa benutzte 1813 einen Bericht über die Öffnung der Gräber von Karl I. und Heinrich VIII. auf Schloss Windsor im Beisein des Prinzregenten dazu, das Verbot genüsslich zu überschreiten und jenem kaum verhüllt ein ähnliches Schicksal wie dem enthaupteten Karl I. anzudrohen, indem er dem entgeisterten Thronfolger das bluttriefende Haupt seines Vorgängers vor die Nase halten lässt (Kat. Nr. 101). Einhundertfünfundsiebzig Jahre später erhält Prinz Charles von Michael Cummings eine analoge Lektion in der Gemäldegalerie vor einem Porträt seines mutmaßlichen Vorgängers mit dem

Martin Rowson
God Save the Queen!
(Sex Pistols version), 2012
Besitz des Künstlers

Kopf unter dem Arm – allerdings auf eine homöopathische Dosis reduziert und mit dem Hinweis, »Königliche Gesundheitswarnung: Politik kann Ihre Gesundheit gefährden« (Kat. Nr. 102). Im Jahr 2012 genügt
es, wenn ein Bastler am Straßenrand eine Guillotine fertigt, um die Jubelfeiern zum diamantenen Kron-
jubiläum Königin Elisabeths II. zu dämpfen. Und die geplante Abschaffung der Royal Mail durch Privati-
sierung weckt bei Ben Jennings die Vorstellung, dass Premier David Cameron den Kopf der Königin auf
einem Silbertablett serviere (Kat. Nr. 104). Das Gespenst des Antiroyalismus kommt zwar aus der Flasche,
um die Monarchin zu schrecken, aber es fordert nicht wirklich ihren Kopf. Solche Karikaturen zeigen,
dass die Emanzipation des Politischen vom Royalen in Britannien (noch) nicht zu vollenden ist. Die
königliche Bildwelt beschränkt die politische Fantasie weiterhin erfolgreich auf den Raum des königlichen
Theaters und sucht Gedanken an alternative Gesellschaftsformen undenkbar zu machen.

Neben traditionelle Tabus treten heute Versuche, neue Grenzen für die freie Arbeit kritischer
Kunst und Presse zu errichten, von außen wie von innen. Oft genug sind diese jedoch nur die Wiederkehr
alter Grenzziehungen in neuem Gewand.

So hat Ronald Searle bereits 1977 mit seiner Arbeit *The Thinker* (Abb. S. 44) für Amnesty International auf Versuche der Mächtigen hingewiesen, sich gegen Kritik zu immunisieren. Diese Form der
Bedrohung der Meinungsfreiheit wie auf Searles Zeichnung ist im Grunde eine uralte Taktik, die Martin
Rowson in seinem Manifest für das Magazin *Index on Censorship* den »totalitären Imperativ« genannt
hat, nämlich das Postulat, von der Bedrohung durch Invektiven und Kritik ausgenommen zu werden:

Bei Searle stranguliert eine archaisch-finstere Überfigur der Macht den hilflosen Mann der Feder, der sich nicht an dieses Gebot hält. Götter, Könige und Diktatoren haben im Verein mit ihren Anhängern stets gefordert, die Gedanken und das Betragen anderer zu kontrollieren, um nicht in ihren Gefühlen verletzt zu werden.[39]

Dazu kommt die übermächtige Dimension von *Big Data*. Die totale Datensammlung auf staatlicher wie kommerzieller Ebene ist vor allem durch die Enthüllungen Edward Snowdens über die globale digitale Überwachung durch amerikanische und britische Geheimdienste zum gesellschaftlich diskutierten Thema geworden. Illusionen über den »frei geborenen Engländer« zerstört Steve Bell (Abb.) wie sein Vorgänger George Cruikshank (Kat. Nr. 98): Er zeigt ihn in Fesseln. Doch bei Bell ist es nicht der gemeine Mann, sondern David Cameron, dem die Kandare durch den Medientycoon Rupert Murdoch angelegt wird. Ging Cameron doch gegen den *Guardian* vor, war er doch in die Abhör- und Bestechungsskandale um Rupert Murdochs *News of the World* verwickelt. Nicht nur staatliche Einrichtungen bedrohen die Fundamente der Demokratie, indem sie die Möglichkeit ungestörten privaten Austausches mit anderen verhindern, sondern auch die Presse selbst, indem sie sich derselben kriminellen Praktiken bedient.

Auch eine dritte Gefahr thematisiert Bell. Der riesige »Stiefel des Eigentümers« (Kat. Nr. 105) schießt aus dem Bildschirm, ist kurz davor, den an ihm Arbeitenden vor den Kopf zu treten: Er verkörpert die Zensur durch die Besitzer der Produktionsmittel, die abhängig beschäftigte, aber unabhängig denkende Journalisten und Cartoonisten zu treffen droht.

Whistleblower, die Insider und Brüder im Geiste, die die Mysterien der Macht offenbaren, konnten sich der Solidarität der Karikaturisten zwar nicht immer sicher sein, wie der Fall des großen englischen Journalisten William Cobbett zeigt, den James Gillray im Dienst der Regierung unmöglich zu machen versuchte: Gillray warf ihm Veröffentlichung militärischer Geheimnisse und Landesverrat vor, um Cobbetts Forderungen nach Demokratisierung abzuwehren. Immerhin aber schreiben Karikaturisten mit an ihrer Biografie und erinnern an ihre Taten — wenn auch äußerst schräg und ausgefallen. Martin Rowson etwa widmet den Whistleblowern *Das Rätsel der Sphinx, Teil 2*, in dem David Miranda, der Partner des investigativen Journalisten Glenn Greenwald, von einem Polizeioffizier in Sphinxgestalt verhört wird (Kat. Nr. 106). Denn die Antwort auf die Frage, die die Sphinx in der griechischen Mythologie stellt, lautet: der Mensch. Der Mensch einerseits, der hinter der Sphinx steckt und verantwortlich für die Verfolgung der Journalisten ist: der Regierungschef. Der Mensch andrerseits, der sich seines Kopfes und seiner von Maschinen unabhängigen Mittel bedient: der Cartoonist.

Hatten Karikatur und Satire die Aufklärung wie eine Kloake[40] begleitet und das Königtum nach der cartesianischen Devise des radikalen Zweifels ihrem Test der radikalen Verzerrung unterzogen, so gilt es am vorläufigen Ende ihrer Geschichte, sich eines zweiten, subversiven Mottos Descartes zu erinnern: *Bene vixit qui latuit*, der hat glücklich gelebt, der verborgen blieb.

1 Nach Steve Bell und Alex Healey, Steve Bell on the Monarchy: »They're a Living Spectacle, What Kind of Life Is That«, Video 2011, Dauer: 3 Min, 16 Sek. **2** Vergil: Aeneis 3,57. Der Untertitel fasst in Küchenlatein zusammen: »Wer mich beneidet, wird verarscht«. **3** Hannah Smith, The Idea of a Protestant Monarchy in Britain 1714–1760, in: Past & Present, 185 (2004), S. 118. – Der Titel »Fidei Defensor«, abgekürzt F. D. (Verteidiger des Glaubens), erscheint erstmals unter Georg I. auf britischen Münzen wie der Guinea-Münze 1716, deren Brustbild des Königs wohl Pate für Hogarths Porträt in »Royalty, Episcopacy and the Law« stand (vgl. http://museumvictoria.com.au/collections/items/63221/coin-guinea-george-i-great-britain-1716; 2014.02.23). **4** »John Bulls hervorstechende Merkmale sind erstens seine Respektlosigkeit und zweitens der Blick von unten nach oben. Beides charakterisiert noch heute den englischen Humor als einen Bottom-up-Humor, der seine Überlegenheit dadurch beweist, dass er es nicht nötig hat, den eigenen Boden zu verlassen, um auf etwas Kritikwürdiges herabzuschauen.« – Hans-Dieter Gelfert, Max und Monty. Kleine Geschichte des deutschen und englischen Humors, München 1998, S. 78. **5** Vincent Carretta, George III and the Satirists from Hogarth to Byron, Athens, Georgia und London 1990, S. 1. **6** James I., The Political Works of James I, Reprinted From the Edition of 1616, Cambridge und London 1918, S. 333 (Übersetzung Karl Janke). **7** Linda Colley, Acts of Union and Disunion. What Has Held the UK Together – And What is Dividing it?, London 2014, S. 45. **8** Thomas Paine, Rights of Man, hg. von Henry Collins, Harmondsworth 1971, S. 206. **9** Auf der vorbereitenden Zeichnung des Karikaturmuseums Wilhelm Busch sind die Parolen noch nicht eingetragen. **10** Alastair MacLachlan, Monarchy, in: Iain McCalman u.a. (Hg.), The Romantic Age. An Oxford Companion to British Culture 1776–1832, Oxford 1999, S. 608. **11** Colley 2014, S. 49. **12** Letztlich hat die konstitutionelle Monarchie nur eine Funktion: »Sie fungiert als Tarnung. Sie erlaubt den Austausch unserer wirklichen Herrscher, ohne dass unbedachte Leute es merken. Die Masse der Engländer taugt nicht für eine gewählte Regierung; wüssten sie, wie nahe sie daran sind, wären sie überrascht und würden fast zittern.« Walter Bagehot, The English Constitution 1867/1872, in: Ders., The Works and Life of Walter Bagehot. Edited by Mrs. Russell Barrington, Bd. 5, London 1915, S. 198 (Übersetzung Karl Janke). **13** Bagehot 1915, S. 362. **14** Bagehot 1915, S. 201. – 2000 forderte der »Guardian« in einem programmatischen Leitartikel eine republikanisch inspirierte Reform der Monarchie unter diesem Bagehot-Zitat. Vgl. Editorial, Future of the Monarchy. Magic Or Not, Let in the Daylight. We Need a Level and Sober Debate, in: The Guardian, 6.12.2000. **15** Bagehot 1915, S. 166. **16** Vgl. Editorial 2000. **17** Eric J. Hobsbawm, Das Erfinden von Traditionen, in: Christoph Conrad und Martina Kessel (Hg.), Kultur und Geschichte. Neue Einblick in eine alte Beziehung, Stuttgart 1998, S. 97–118. **18** Das Zitat geht zurück auf die anonyme Radierung »The Hungry Mob of Scribblers and Etchers« von 1763 (BM 3844). **19** Ernst H. Gombrich und Ernst Kris, Caricature, Harmondsworth 1940, S. 3 f. **20** Karl Janke, Stepsister Arts – Zum streitbaren Verhältnis von Karikatur und Malerei in London Ende 18. Jahrhundert, in: Peinture et caricature. Actes du colloque de Brest, 13–15 mai 2004, Ridiculosa 11, Brest 2004, S. 27–42. **21** MacLachlan 1999, S. 606–608. **22** William Christie, Freedom of the Press, in: McCalman 1999, S. 512 f. **23** Diana Donald, The Age of Caricature. Satirical Prints in the Reign of George III, New Haven und London 1996, S. 1. **24** Christian August Gottlieb Goede, England, Wales, Irland und Schottland. Erinnerungen an Natur und Kunst aus einer Reise in den Jahren 1802 und 1803, Bd. 3, Dresden 1805, S. 116. **25** Aubrey Newman, Two Countries, One Monarch. The Union England/Hanover as the Ruler's Personal Problem, in: Rex Rexheuser (Hg.), Die Personalunionen von Sachsen-Polen 1697–1763 und Hannover-England 1714–1837, Wiesbaden 2005, S. 360. – »Erscheint es uns geradezu grotesk, wenn bei Abwesenheit des Königs der Hofstaat seinem auf einem Sessel stehenden Bild die Reverenz erwies.« – Annette von Stieglitz, Hof ohne Fürsten. Residenzleben in Hannover unter Georg I. und Georg II., in: Rexheuser 2005, S. 385. **26** Donald 1996, S. 16. **27** In den 1780er- und 1790er-Jahren kaufte William Pitt Zeitungen mit Mitteln des Schatzamtes. Vgl. William Christie, Newspapers, in: McCalman 1999, S. 622 f. **28** Christie, Freedom, 1999, S. 512 f. (Übersetzung Karl Janke). **29** Kenneth Baker, George IV: A Life in Caricature, London 2005, S. 212 (Übersetzung Karl Janke). **30** Goede 1805, S. 116 f. **31** Vgl. Michael Diers, Schlagbilder. Zur politischen Ikonographie der Gegenwart, Frankfurt am Main 1997. **32** Eliteherrschaft von Adel und Gentry, die die Parlamentsreform von 1832 überstand und bis weit ins 19. Jahrhundert fortdauerte. **33** Jane Robins, Rebel Queen. The Trial of Caroline, London u.a. 2006. **34** MacLachlan 1999, S. 608. **35** Vgl. Editorial 2000. **36** Auf das Prinzip »The king can do no wrong«, hatte sich schon Karl I. bei seiner Hinrichtung berufen. Vgl. Samuel Rawson Gardiner, The Constitutional Documents of the Puritan Revolution 1625–1660, Oxford 31906, S. 365. **37** »In other words, if I can laugh at myself and my misfortune as a defence strategy, I've taken control of both myself and a dynamic in which you were previously mocking me aggressively in order to exert your control over me.« Martin Rowson, Giving Offence, London u.a. 2009, S. 16. **38** John Barrell, Imagining the King's Death: Figurative Treason, Fantasies of Regicide 1793–1796, Oxford 2000, S. 33–44. **39** Rowson 2009, S. 57–61. **40** Rowson 2009, S. 30.

TIMOTHY CLAYTON

Produktion und Vertrieb von Karikaturen in London um 1800

In dem Jahrhundert zwischen der Thronbesteigung von Georg I. im Jahr 1714 bis zur endgültigen Niederlage von Napoleon Bonaparte im Jahr 1815 vervielfachte sich in London die Produktion gedruckter Bilder. Auf diesem Sektor zunächst noch klein und international unbedeutend, errang die Stadt nach und nach globale Dominanz. Anfangs importierte man Druckgrafik in großen Mengen, vor allem aus Frankreich und Italien; dann bemühten sich britische Zeichner und Kupferstecher um die Herstellung von Drucken, die dem Vergleich mit der Importware standhielten. Nach 1770 schließlich stellte sich der Erfolg ein. In den nächsten Jahrzehnten waren britische Zeichner und Stecher groß in Mode, ihre Arbeiten galten gegenüber denen anderer Länder als gleichrangig, wenn nicht sogar als besser. Die Produktionsmengen waren enorm. Sie reichten von dem, was heute in den Bereich der Fotografie fällt, über Kunst, Architektur, Gartenplanung, Topografie, Landschaften, Porträts, Militärisches, Sport, Blumen, Insekten, überhaupt Tiere, technische und wissenschaftliche Illustration, Komisches und Spiele bis hin zu Tagesereignissen und Satire. Die Qualitätsunterschiede waren groß, sie reichten von exquisit und teuer bis unbeholfen und billig.

Politische Satire

Politische Satire war ein Spezialbereich des Grafikhandels. Sie wurde zunächst von den Buchhändlern angeboten, die sich auf politische Pamphlete spezialisierten und ihre Verkaufsstände in Westminster Hall und Geschäfte oder Buden in der Nähe von Temple Bar, Paternoster Row und der Börse hatten, weniger jedoch in den »Bilderläden«, in denen Grafik sonst verkauft wurde. Politische Drucke, zumeist von politisch engagierten Menschen oder für politisch Aktive entworfen, wurden zusammen mit kleinen Porträts und aktuellen Drucken mit Kriegsszenen oder Theaterneuigkeiten verkauft. Anonyme politische Insider und bezahlte professionelle Schreiber verfassten Druckschriften und schlugen wahrscheinlich auch Themen für Drucke vor. Die besten dieser Drucke wurden als Einzelblätter verkauft; und auch wenn sie gelegentlich in ein Pamphlet oder ein Buch eingebunden waren, so wurde doch die Mehrzahl in Alben geklebt oder an die Wand gehängt. Billige Drucke, Balladen oder Einblattdrucke konnte man bei Straßenverkäufern und fliegenden Händlern erstehen.

In der ersten Hälfte des Jahrhunderts waren politische Drucke relativ günstig. Die Preise rangierten von zwei Pence für etwas Schlichtes bis zu einem Schilling für die größten und besten Blätter.[1] Bei thematisch heiklen Drucken verheimlichte man in der Regel den Ursprung, um juristische Konsequenzen zu vermeiden. Sie wurden anonym veröffentlicht mit dem Hinweis »zu beziehen bei allen Grafikhändlern in London oder Westminster«, gelegentlich wurde sogar behauptet, sie seien in Paris veröffentlicht worden. Die bedeutendsten *printshops*, wie die der Familien Overton und Bowles, John King und James Regnier, boten wohl gelegentlich politische Satire, regten aber eher selten deren Veröffentlichung an.

Die Pamphlet-Händler zeigten ganz eindeutige Parteiloyalitäten: Im Globe[2] in der Paternoster Row druckte der den Whigs nahestehende Thomas Cooper den *Daily Gazetteer* und eine Flut von Sixpenny-Grafiken und -Plänen tagesaktuellen und politischen Inhalts,[3] während Anne Dodds Familie im Peacock an der St Clement's Church in der Strand Tory-Satire veröffentlichte.[4] Weitere bedeutende Vertreter dieses Gewerbes waren der Whig Charles Corbett, Verleger des *British Magazine*, und der Walpole-Gegner Jacob Robinson im Golden Lion in der Ludgate Street.

Politische Satire gab es in sehr großen Auflagen zu Kriegszeiten, wenn patriotische Gefühle hochkochten und sich niederschlugen in Zeitungsanzeigen für Drucke wie etwa Mary Coopers *Court and Country united against a Popish Invasion* von 1744, »gezeichnet als Schmuck für die Häuser all jener, die Seiner Majestät und unserer königlichen Familie wohlgesonnen sind, und um die Helfershelfer eines papistischen Prätendenten bloßzustellen. Gewidmet all jenen, die die Franzosen aus tiefstem Herzen hassen.«[5] Einfache Radierungen zu aktuellen Themen waren rasch gemacht. Die Nachricht von der Schlacht von Culloden vom 16. April 1746 erreichte London am 23., und innerhalb einer Woche hatte Charles Mosley die Radierung *An Exact View of the Battle of Culloden* fertig, die er mit John King und Mary Overton veröffentlichte. Eine weitere Ansicht, herausgegeben von Charles Corbett, erschien ein paar Tage später. Alle drei Drucke hatten die Maße von etwa 25 mal 35 Zentimetern, der damaligen Standardgröße. Der Standardpreis für das unkolorierte Exemplar lag bei sechs Pence, kolorierte Drucke kosteten einen Shilling.[6]

Den Pamphlet-Händlern als den führenden Lieferanten politischer Satire schlossen sich in den 1740er-Jahren zwei Grafikverleger an: George Bickham und Charles Mosley eröffneten westlich der City in der Nähe von Covent Garden ein Geschäft. Bickham hatte die Idee, druckgrafische Serien zu verkaufen, die politische Ereignisse in Form satirischer Kommentare erzählten. Im Jahr 1744 offerierte er »Eineinhalb Dutzend politische Drucke als lebensechte Darstellung der Verhältnisse in den Jahren 1739, 40, 41, 42, 43 und 44, alle in einer Größe und geeignet zum Rahmen oder Binden und für sehr wenig Geld zu haben.«[7] Die Idee, die Jahresproduktion gruppiert zusammenzufassen und so zeitgenössische Geschichte darzustellen – als Reaktion darauf, wie manche Käufer ihre Sammlung politischer Drucke sortierten und präsentierten –, wurde von anderen Händlern deshalb übernommen, weil sich ihnen so ein reiches Potential bot, um Kunden zu überzeugen, ganze Sammlungen statt gelegentlicher Einzeldrucke anzuschaffen.[8] Wo man sie sammelte, galten sie als alternativer Kommentar zu historischen Ereignissen.[9]

William Hogarth schuf aktuelle Satiren, aber seine »modern moral subjects« waren in Bezug auf Format, Art und Anspruch sehr speziell. Sie waren viel größer, feiner gearbeitet und kosteten normalerweise etwa drei Shilling sechs Pence. Die meisten von Hogarths Drucken gehörten in Preis und Präsentation eher zu den »schönen Künsten« als zur tagesaktuellen Satire. 1733 veröffentlichte er *A Midnight Modern Conversation,* das er für fünf Shilling verkaufte. Einige Händler, unter ihnen John Clark, Bispham Dickinson und Robert Sayer, boten kleinere Grafiken für sechs Pence an, also für ein Zehntel von Hogarths Preis. Im Katalog von Henry Overton aus dem Jahr 1754 erschien Hogarths Grafik in der Größe von rund 90 mal 60 Zentimetern zum Preis von einem Shilling, auf einem *royal sheet*[10] von George Bickham zum Preis von sechs Pence, als richtig populärer, gröber gestochener Druck für vermutlich drei Pence sowie als Holzschnitt für wohl einen oder eineinhalb Pence. Auch wenn diese Kopien den Ruhm Hogarths nur noch mehrten, so profitierte er doch finanziell nicht von den Plagiaten seiner Arbeiten, und schon gar nicht war er in der Lage, deren Qualität zu kontrollieren. Im Jahr 1736 setzte er zusammen mit Kollegen ein erstes Urheberrechtsgesetz durch, um ihr geistiges Eigentum zu schützen.

William Hogarth bestritt entschieden, dass seine Drucke etwas mit Karikatur zu tun hätten. Den Unterschied hob er in *Characters and Caricaturas* hervor, dem Zahlungsbeleg, den seine Abonnenten von *Marriage-à-la-Mode* 1743 erhielten. Er verwies sein Publikum auf Henry Fieldings Vorwort zu dessen *Joseph Andrews* von 1742. Dieser erklärt dort, die »wahre Größe« von Hogarth, dem »Maler komischer Geschichten«, liege in der »exaktesten Abbildung der Natur, aber jenen Darbietungen, die die Italiener ›Caricatura‹ nennen […] räumen wir dagegen jede Freiheit ein – ihr Ziel ist es, Monster darzustellen, nicht Menschen.«[11]

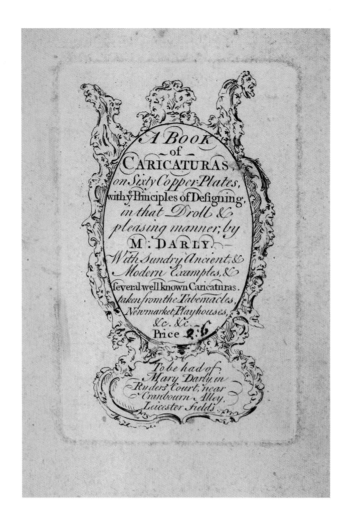

Mary Darly
A Book of Caricaturas
1762/63
Bibliothek Monica &
Ronald Searle im Museum
Wilhelm Busch – Deutsches
Museum für Karikatur und
Zeichenkunst

Die Karikatur und ihre Distribution

Bei englischen Italienreisenden waren Karikaturen populär, und der damals beliebte Maler und Zeichner Arthur Pond hatte zwischen 1736 und 1742 eine Sammlung von italienischen karikaturistischen Porträts nach Pier Leone Ghezzi und anderen veröffentlicht.[12] In London wurde das Zeichnen von Karikaturen – die Übertreibung physischer Merkmale – zum Zeitvertreib für Hobbykünstler. Zahlreiche Zeichenlehrer boten ihren Unterricht an und empfahlen sich durch eigene Publikationen. Vor dem Jahr 1750 tauchten Karikaturen in englischen Drucken nur sehr selten auf. Das änderte sich im nächsten Jahrzehnt, und 1757 führte George Townshend die Karikatur in die politische Satire ein, mit kleinen Karikaturkarten, die George Edwards und Matthew Darly zum Stückpreis von sechs Pence anboten.[13]

Matthew Darlys Frau Mary, die sich als »Händlerin der Heiterkeit, im Acorn in Ryder's Court, Fleet Street«[14] bezeichnete, brachte im Jahr 1762 *Principles of Caricatura* auf den Markt, »dargelegt in so angenehmer und spielerischer Art, dass ein junges Genie jede Carrick oder drollige Fratze mit Vergnügen und in kürzester Zeit zeichnen kann.«[15] Dieses Buch, das auch unter dem Titel *A New Book of Caricature*s (Abb.: spätere Ausgabe) verkauft wurde, enthielt politische Themen, und Mary verkündete, »Herren und Damen, die ihre Carricks in der Öffentlichkeit präsentiert sehen wollen, können ihre Zeichnungen für den zweiten Band wie oben angegeben einsenden und bekommen sie entweder geätzt, geschnitten oder gestochen, von ihrer ergebenen Dienerin.«[16] Mary Darly war die prominenteste unter einigen konkurrierenden Verlegern (unter ihnen Thomas Ewart, Edward Sumpter und John Pridden), die in den Jahren 1762 bis 1764 eine ganze Flut von politischen Satiren gegen den Premierminister Lord Bute[17] veröffentlichten. Insbesondere in diesem Zusammenhang annoncierte sie wiederholt: »von jeder Carrick, mit der man die

Sir Thomas Lawrence
Henry William Bunbury
um 1788
National Portrait Gallery

Autorin beehrt, wird eine Radierung angefertigt und veröffentlicht, kostenlos.«[18] Sie gewährte auch Mengenrabatte für fliegende Händler. Darly, wie auch die anderen Händler, bot ihre Drucke in verlagseigenen Sammlungen an, zum Beispiel in Darlys *Political and Satirical History of the years 1761-3* oder in Sumpter und Priddens *Scotch Scourge or British Antidote to Caledonian Poison.*

Die Idee, Entwürfe von Laien zu veröffentlichen, erwies sich als fruchtbar sowohl für die gesellschaftliche als auch für die politische Satire, und die erste Ausgabe von *Caricatures, Macaronies & Characters by sundry Ladies, Gentlen. Artists &c* kam 1772 auf den Markt. Zu den *gentleman artists* der Darlys gehörten Edward Topham, Richard St George Mansergh und Henry William Bunbury (Abb.). Letzterer jedoch, der wegen seiner geistreichen Zeichnungen schnell zu Ruhm gelangt war, verbündete sich bald mit James Bretherton, seinem Zeichenlehrer aus Cambridge-Zeiten, der 1771 in der New Bond Street 134 ein Geschäft eröffnete. 1779 annoncierte Mary Darly: »Sollten Damen oder Herren Ideen oder Skizzen einreichen, so werden diese gebührend behandelt und (so gewünscht) mit äußerster Diskretion und Geschwindigkeit veröffentlicht.« Hingegen seien »intolerante und ungeziemende Andeutungen« oder »niedere oder politische Themen« inakzeptabel. In ihrem Laden halte man auch »jede Art von Materialien für die eleganten Künste des Zeichnens, Radierens sowie jede Art von Zeichenbüchern für junge Damen und Herren« bereit.[19] Thomas Patch, als junger Mann bei seiner eigenen Grand Tour bis nach Rom vorgedrungen, fertigte um 1770 in Florenz von anderen britischen Grand-Tour-Reisenden Radierungen im italienischen Stil an, nachdem er sein Medizinstudium für die Kunst aufgegeben hatte (Abb. S. 32).

Thomas Patch
**Caricature Group
at Florence**, 1769/70
Lewis Walpole Library,
New Haven, USA

Parallel zu dieser Vorliebe für Karikaturen im aristokratischen West End wurde komische Kunst im Stil von Hogarth auch von Händlern in City-Nähe verkauft. Komische Zeichnungen oder »Drolls« des Hogarth-Nachahmers John Collett[20] oder von Robert Dighton und anderen gab es bei den bedeutendsten kommerziellen Druckern, Robert Sayer sowie Thomas und John Bowles, aber auch bei einigen anderen Händlern wie zum Beispiel William Humphrey, der seine Entwürfe in Soho veröffentlichte. Diese Mezzotintos im Format von 35 mal 25 Zentimetern waren nur selten politisch. Sie zeigten Szenen des urbanen Lebens und führten so die Karikatur bei den Mittelschichten von Westminster und London ein, aber auch in die Provinz und in die Kolonien. Sie wurden als Radierungen vervielfältigt, manchmal auch als große, billige *royal-sheet*-Radierungen und Holzschnitte, da dies die preiswerteste Form dekorativer Grafik war. Beide Firmen, Sayer und Bowles, ließen kaum Politisches zu. James Whittle, ein Nachfolger von Sayer, sagte gar zum Karikaturisten William Hone: »Keine Veränderung – Kirche und Staat, verstehen Sie! – keine Politik, verstehen Sie! – ich hasse Politik!«[21]

William Humphrey veröffentlichte die ersten Karikaturen von James Gillray. Dieser war der begabteste Vertreter einer neuen Generation von Künstlern, die die Karikatur auf ein höheres Niveau hoben, denn sie schufen größere und ehrgeizigere satirische Radierungen. Den Weg für größere Formate und mehr Farbigkeit bereiteten in den 1770er- und 1780er-Jahren Henry Bunbury sowie seine Verleger James Bretherton und William Dickinson. Die beiden hatten ihre Geschäfte in den 1770er-Jahren in der Bond Street eröffnet, im schicken aristokratischen West End. Die führenden Händler von Karikaturendrucken folgten ihnen in den 1780er-Jahren hierhin. 1782 hatte dann Elizabeth d'Archery ein Geschäft in der St James's Street, Samuel William Fores eröffnete 1782 sein »Karikaturenmagazin« in Piccadilly, und William Holland zog, wohl im Januar 1787, von der Drury Lane in die Oxford Street, während Hannah Humphrey wahrscheinlich schon etwa 1783 in der Bond Street ansässig war, sicher aber ab 1788. William Humphrey hatte einen Laden an der ersten Einkaufsadresse, in der Strand, etwas weiter im Osten, und James Aitken eröffnete sein Geschäft 1788 in der Nähe von Leicester Square.

Im Jahr 1798 begann Rudolph Ackermann mit der Herausgabe von Karikaturen aus seinem *Repository of Arts* in der Strand, und im Verlauf des ersten Jahrzehnts des 19. Jahrhunderts etablierte sich eine Reihe weiterer Karikaturenverleger weiter östlich in der City, wo ihre Unternehmen etwas anders ausgerichtet waren. Nicht immer, aber doch häufig, räumten sie der gesellschaftlichen Satire mehr Platz ein als der politischen, und sie verkauften grundsätzlich zu niedrigeren Preisen. Piercy Roberts übernahm nach dessen Konkurs einen Großteil von Aitkens Lagerbestand und führte von 1801 bis 1806 ein Geschäft in Holborn; J. Sidebotham hatte von 1802 bis 1813 einen Laden in Dublin und von 1815 bis 1819 ein Geschäft in London; Allen & West saßen zwischen 1797 und 1815 in der Paternoster Row; S. Knight übernahm das Geschäft von John Harris in der Sweetings Alley 3 in Cornhill und verkaufte dort Karikaturen und andere Drucke von 1813 bis in die 1840er-Jahre. Im Jahr 1811 begann John Fairburn mit der Veröffentlichung von Karikaturen in Läden in Blackfriars und Ludgate Hill, nachdem er vorher sehr preiswerte Drucke in den Tower Minories verlegt hatte. Im gleichen Jahr machte John Johnston ein »Lager von preiswerten Karikaturen« in Cheapside auf, und M. Jones in der Newgate Street gründete die satirische Zeitschrift *Scourge*, der Karikaturen auf gefalteten Tafeln beigegeben waren. Der Erfolgreichste von allen, Thomas Tegg, eröffnete im Jahr 1805 einen *printshop* in Cheapside. Er verkaufte seine einfacheren Drucke zum Standardpreis von einem Shilling, also der Hälfte dessen, was sie im West End bei Fores, Humphrey und Ackermann kosteten. Teggs Angebot war tendenziell weniger politisch und richtete sich – so wie schon das Unternehmensmodell der alten Firmen Bowles und Sayers – an die breite Masse sowohl in der Stadt als auch in der Provinz und in den Kolonien. Einige der neuen Händler entwickelten jedoch nach etwa 1811 eine äußerst radikale politische Agenda; zu ihren Produkten gehörten heftige Attacken auf den Prinzregenten, den späteren König Georg IV.: Die Karikatur war zu einem bedeutenden Zweig des Grafikhandels geworden.

Clevere Ideen wurden aufgegriffen und nachgemacht. Einige Male veröffentlichte Samuel William Fores ziemlich genaue Kopien von Drucken James Gillrays, die vorher von Hannah Humphrey herausgegeben worden waren. Dies war ein Verstoß gegen das Urheberrecht, dennoch kam er ungestraft davon, vielleicht, weil kein Kunde von Hannah Humphrey bereit gewesen wäre, einen Gillray zu kaufen, der nicht von Gillray selbst angefertigt worden war. Johann Christian Hüttner, der wahrscheinlich mit Gillray gesprochen hatte, schrieb: »[…] weil eine Karikatur nicht zu den Dingen gehört, für die man sich der Mühe eines Gerichtsprozesses unterzieht, findet Gillray sich mit dieser Produktpiraterie ab, ohne zu versuchen, sein Eigentum zu schützen.«[22]

Es war in Geschäftskreisen üblich, Lagerbestände untereinander auszutauschen und die Drucke anderer Verleger zu verkaufen. Der Prinz von Wales erwarb Karikaturen von den führenden Verlegern Colnaghi & Co. und John Raphael Smith, von Bretherton, der Familie Humphrey und von William Holland. Bretherton, Colnaghi und die Humphreys schafften es sogar, ihm Geld zu entlocken. Ab 1803 schickte Hannah Humphrey jährlich eine Rechnung an den Prinzregenten, die dieser tatsächlich bezahlte, während die anderen Händler ihre Forderungen dem Komitee vorlegen mussten, das die Verbindlichkeiten des Prinzen regelte.

Herstellung der Karikatur

Es gibt kein einfaches Beispiel, an dem man die Entstehung eines Karikaturendrucks nachvollziehen kann. Man ging lange davon aus, dass ein Künstler einen Entwurf oder sogar eine Radierung anfertigte und diese dann einem *printshop* verkaufte. Ersteres mag gelegentlich so gewesen sein. Letzteres ist höchst unwahrscheinlich, denn das Risiko eines finanziellen Verlustes war zu groß, falls die Idee abgelehnt würde. Einige Künstler waren ganz allein verantwortlich für Entwurf und Ausführung ihrer Karikaturen. So gibt es gute Gründe für die Annahme, dass die von Gillray mit den Worten »invenit and fecit« signierten Drucke alle von ihm selbst hergestellt waren. Aber dies war wahrscheinlich nicht das typische Verfahren. Eher war es wohl üblich, dass ein Verleger einen Künstler mit der Umsetzung einer Idee beauftragte, als dass ein Künstler sich an einen Verleger wandte. War der Künstler sein eigener Verleger,

Thomas Rowlandson
Lounge at the Print Shop
Oxford, um 1815
Wilhelm Busch – Deutsches
Museum für Karikatur und
Zeichenkunst

wie George Bickham, Charles Mosley oder Mary Darly, oder arbeitete er mit dem Verleger zusammen, wie etwa Richard Newton während seiner Zeit bei Holland oder Gillray bei Hannah Humphrey, dann konnte er oder sie auch die eigenen Ideen durchsetzen und ausführen.

Von Mary Darly wissen wir, dass sie Zeichnungen anderer radierte und veröffentlichte und dass sie deren schriftliche Vorschläge und Ideen zeichnete und verlegte. Dass dies auch der Fall bei Gillray war, zeigen seine erhaltenen Briefe, Anleitungen und Zeichnungen.[23] Auch Samuel William Fores annoncierte: »Von Gentlemen eingereichte Zeichnungen werden kostenlos [als Radierung] ausgeführt.«[24] Johann Christian Hüttner schrieb: »[…] einige Künstler produzieren [Karikaturen] […] die meisten von ihnen stammen von Gillray, Fores, Holland und Rowlandson«[25], und er wird nicht aus Ignoranz die Grafikhändler Fores und Holland als Künstler bezeichnet haben. Den kreativen Einfluss des Verlegers auf

James Gillray
Very Slippy-Weather
1808
Wilhelm Busch – Deutsches
Museum für Karikatur und
Zeichenkunst

die Entstehung der Karikaturen, die er verkaufen wollte, hat David Alexander am Beispiel von William Holland überzeugend dargelegt. Viele der Drucke, für die er meistens auch die Texte entwarf und stach, hat er wohl selbst gezeichnet: »[…] man kann sich seinen *printshop* als Treffpunkt einer lebhaften Gruppe von Leuten mit Interesse an Politik, Theater und Literatur vorstellen, die sehr daran interessiert waren, ihm Ideen für neue Drucke zu unterbreiten«.[26] Die uns erhaltene Korrespondenz zeigt, dass auch viele von Gillrays Drucken aus Vorschlägen und Diskussionen mit Freunden oder Förderern hervorgegangen sind.[27]

Das Ergebnis dieser Beratungen war eine Zeichnung, die auf eine Kupferplatte geätzt wurde. Das Ätzen – oder Radieren – war ein Arbeitsablauf, der mit wenig Hilfe oder Ausbildung gemeistert werden konnte, denn wenn man eine Platte kaufte, die bereits mit einer abgedunkelten Wachsgrundierung versehen war (was natürlich etwas kostete), brauchte man darauf nur noch das Motiv mit einer

Nadel einzuritzen. Dies war bald getan, und eine einfache Abbildung auf einer Platte in der Standard-größe konnte relativ schnell gedruckt werden, was eine umgehende Reaktion auf aktuelle Ereignisse ermöglichte. Schnell ausgeführt, war das Radieren preiswert. Ein Kupferstecher nämlich stellte nicht nur die Kupferplatte, sondern auch seine Arbeitszeit in Rechnung. Im Jahr 1788 forderte Gillray von Fores je zwei Guineen für *King Henry IVth the last scene* und *Bologna-Sausages* in der Standardgröße von etwa 25 mal 35 Zentimetern und ein Pfund elf Shilling sechs Pence für das kleinere Werk *A Pig in a Poke*. Aus Gillrays Brief geht allerdings nicht genau hervor, welche Arbeitsschritte er explizit durchgeführt hatte.[28]

Die fertige Platte wurde dann wahrscheinlich an einen professionellen Drucker weitergegeben, der eine Rollenpresse verwendete. Vom Jahr 1790 an wurde bevorzugt das von James Whatman herge-stellte Velinpapier benutzt, das eine glattere Oberfläche hatte und so die Tuschewässerung gleichmäßiger aufnahm als das traditionell verwendete gerippte Papier, das sogenannte Vergépapier. Nachdem das Papier getrocknet war, wurde ein Teil auf die notwendige Größe zugeschnitten und für die Kolorierung von Hand vorbereitet. Dies scheint manchmal von jungen Künstlern erledigt worden zu sein, die Geld brauchten. Sie verwendeten selbst hergestellte Wasserfarben und Schablonen – ein Verfahren, das sich vereinfachte, als Tuschfarbe in fertigen Blöcken auf den Markt kam. Karikaturen wurden selten vom Künstler signiert oder anderweitig bezeichnet; finden sich Beschriftungen, waren sie gewöhnlich vom Verleger oder Kupferstecher eingefügt worden.

Karikaturen in Schaufenstern und Ausstellungen

Die Grafikhändler stellten aktuelle Karikaturen in ihren Schaufenstern aus, um die Aufmerksamkeit der Passanten zu wecken. In der deutschen Zeitschrift *London und Paris* war zu lesen: »Man sieht immer Dutzende von Menschen vor den Läden stehen, die diese Karikaturen verkaufen.«[29] (Abb. S. 35) Alle *printshops*, große oder kleine, auch Buchhändler in der Provinz, stellten Drucke in ihren Schaufenstern aus; und häufig scheinen sie Karikaturen gewählt zu haben. Die Menschentrauben vor den Geschäften wurden allmählich zum Ärgernis, da die Fußgänger auf die Straße ausweichen mussten und darüber hinaus Banden von Taschendieben anzogen. In Birmingham wurde 1793 ein Buchhändler verhaftet, weil er in seinem Schaufenster eine Reihe von Karikaturen ausgestellt hatte. Vier davon waren von Gillray, und diese zeigten die königliche Familie in angeblich besonders anstößiger Weise.[30] Einige Grafikhänd-ler eröffneten innerhalb ihrer Geschäfte Ausstellungsräume, für die gewöhnlich Eintritt verlangt wurde, um unerwünschte Besucher fernzuhalten. William Holland warb im Jahr 1788: »Hollands Karikaturen-räume sind nun geöffnet und präsentieren eine maßgebliche Ausstellung aller bedeutenden Karikaturen, die in den letzten zehn Jahren erschienen sind, dazu viele berühmte Originalgemälde und Zeichnungen. Eintritt ein Shilling.«[31] Auch noch im Jahr 1803 ließ er die Öffentlichkeit wissen: »Hollands Salon der Heiterkeit, oder Karikaturenausstellung, ist jetzt geöffnet. Freier Eintritt beim Kauf eines seiner Drucke.«[32] 1789 eröffnete auch James Aitken einen Ausstellungsraum mit freiem Eintritt: »Aitkens Ausstellungsraum in der Castle Street, Leicester Fields, steht jetzt dem Adel und der Allgemeinheit zum Besuch offen. Er enthält die einzige vollständige Sammlung aller heute vorhandenen satirischen, humoristischen & kari-katuristischen Produktionen – Eintritt FREI.«[33] Im Dezember 1792 verkündete Fores, er habe »seinen Ausstellungsraum für Karikaturen wieder eröffnet, dem er kürzlich einige hundert neue & alte Objekte hinzugefügt hat. Eintritt 1s.« Im darauffolgenden März offerierte er »komplette Sets von Karikaturen zur Französischen Revolution« und zeigte »ein vollständiges Modell einer Guillotine.«[34]

In Provinzstädten wie Edinburgh fanden manchmal Wechselausstellungen statt. Im Jahr 1792 meldete der *Caledonian Mercury*: »Diese Woche wurde die Öffentlichkeit auf angenehmste Weise durch eine Karikaturenausstellung in der South Bridge Street unterhalten. Sie besteht aus einer äußerst umfang-reichen Sammlung sowohl politischer als auch satirischer Werke und ist die erste, die jemals in dieser Stadt zu sehen war. Den Besitzern gebührt höchste Anerkennung für ihre kluge Auswahl. Da keines der Werke das Feingefühl verletzen könnte, ist der Ort daher ein sehr angenehmer Salon für die Damen, wo sie sich zwei Stunden lang auf exzellente und lehrreiche Weise amüsieren können.«[35]

Thomas Rowlandson
The Contrast 1792, 1792
Wilhelm Busch – Deutsches
Museum für Karikatur und
Zeichenkunst

Dies mag die erste Karikaturenausstellung gewesen sein, die in Edinburgh stattgefunden hatte, aber bereits seit den 1780er-Jahren bestellten Buchhändler und Leihbüchereien in der Provinz regelmäßig Karikaturen aus London, die sowohl ausgeliehen als auch käuflich erworben werden konnten. 1782 enthielt eine Lieferung an die Edinburgh Circulating Library Karikaturen von Bunbury, die zur Ausleihe an ihre Mitglieder bestimmt waren. Eine Ausstellung von verkäuflichen Drucken in Bath wiederum umfasste Sammlungen von Hogarth, Collet und Darly. 1799 hatten A. Brown von Homer's Head, Broad Street, Aberdeen, und die »Musical Circulating Library und Reading Library (Jahresbeitrag 25s) soeben ein Paket mit den neuesten KARIKATURENDRUCKEN erhalten, Preis 3s, 2s 6p, und 2p.«[36]

Preise[37]

Die Preise einiger Karikaturen sind aus Katalogen und Zeitungsanzeigen bekannt oder stehen direkt auf den Drucken.[38] Sie belegen, dass die Preise seit dem schlichten Sixpenny-Druck in der Mitte des Jahrhunderts beträchtlich gestiegen waren, nicht zuletzt aufgrund einer starken allgemeinen Inflation. In den frühen 1770er-Jahren verlangte Darly einen Shilling sechs Pence für einen unkolorierten sowie zwei Shilling sechs Pence für einen kolorierten Druck in der Standardgröße 25 mal 35 Zentimeter. Für sechs Pence bekam man nur noch einen Druck in der Größe 15 mal 10 Zentimeter. Sayers Mezzotinto-Drolls in der Standardgröße gab es in der unkolorierten Version für einen Shilling. In den 1780er-Jahren waren die Preise für moderne, neue Karikaturen erneut gestiegen, lediglich die Preise für Mezzotinto-Drolls blieben bis in die 1790er-Jahre hinein stabil. Hollands Preise bewegten sich von einem Shilling für kleine, einfache Karikaturen mit nur einer Abbildung über zwei Shilling für Blätter in der Standardgröße bis hin zu dreizehn Shilling sechs Pence für lange, von mehreren Platten gedruckte Bilderstreifen, ein von Bunbury eingeführtes Format. Die Preise für Gillrays größere Drucke lagen zwischen fünf Shilling und sieben Shilling sechs Pence für nicht kolorierte Versionen. Farbe verdoppelte den Preis. Auch im Jahr 1803 betrug der Preis für ein Bild im Standardformat bei Holland noch immer zwei Shilling, während die Preise bei Rudolph Ackermann von einem Shilling bis sieben Shilling ran-

Richard Newton
An Exhibition of Caricatures, 1794
The British Museum, London

gierten, wobei auch bei ihm eine Abbildung in Standardgröße zwei Shilling kostete. Die Preise von Samuel William Fores bewegten sich auf dem gleichen Niveau. Die Preise, die aus den Jahren 1788 bis 1789 von E. Jackson, Hannah Humphrey und James Aitken bekannt sind, legen nahe, dass sie damals nur die Hälfte oder drei Viertel der Preise von Holland und Fores verlangten. Wahrscheinlich ist aber, dass sie ihre Preise schon bald nach oben korrigierten.

Hohe Preise setzten der Verbreitung von Karikaturen Grenzen, genauso wie vermutlich die Auflagenhöhe. Es gibt kaum Belege dafür, aber die Vermutung liegt nahe, dass die Grafikhändler eine ähnliche Auflagenhöhe wie die Verleger politischer Schriften erreichen wollten – etwa 500 Exemplare für die erste Auflage. Geätzte Platten nutzten sich ab und mussten überarbeitet werden. Hielt die Nachfrage an, wurden sie nachbearbeitet oder, in Extremfällen, dupliziert. Wenn Verleger ihre Läden aufgaben, übernahmen andere Grafikhändler deren Kupferplatten und druckten damit entweder neue Auflagen oder auch einzelne Abzüge. Die meisten *printshops* besaßen eine Rollenpresse, um Probedrucke von fertigen oder fast fertigen Platten zu nehmen, auch wenn das Entfernen und neu Auftragen des Deckfirnisses einige Mühe erforderte. Manchmal bescherte der Sammlermarkt alten und unbedeutenden Platten ein dauerhaftes gewerbliches Leben. Manche Kunstliebhaber verlangten alle Drucke eines Künstlers oder komplette Ausgaben einer Jahresproduktion, andere waren bereit, vom Grafikhändler ausgewählte, beliebig zusammengestellte Sets von Drucken zu kaufen.

Die Zielgruppe

Auf die schwierige Frage, wer denn nun eigentlich die Zielgruppe von Karikaturen war, gibt es keine einfache Antwort. Die Preise für moderne, neue Karikaturen schlossen Menschen aus der Mittelschicht nicht unbedingt aus, solche aus der Arbeiterschicht hingegen schon. Ein Diener, der acht Pfund im Jahr verdiente, gab sicherlich nicht mehrere Shilling für eine Karikatur aus, hatte aber möglicherweise Zugang zu jenen, die sich in der Bibliothek seines Dienstherrn befanden. Oder er betrachtete sie auf dessen Wandschirmen oder an den Wänden. Vielleicht stand er auch in der Schar vor den Schaufenstern der *printshops*. Aber diese Karikaturen waren nicht für ihn gemacht. Der Inhalt der Spitzen-Karikaturen richtete sich an Menschen, die politisch und sozial gebildet waren. Es spricht für sich, dass in den späten 1780er-Jahren Karikaturen am häufigsten in *The World, or, Fashionable Advertiser* erschienen, einem Gesellschaftsblatt also. »Karikaturenläden werden immer vom Fußvolk belagert, aber nur in Mrs. Humphreys Geschäft, wo Gillrays Werke verkauft werden, trifft man auf Menschen hohen Standes, mit gutem Geschmack und Intelligenz.«[39] Mit einiger Sicherheit kann man sagen, dass Gillrays Kundschaft sich durchweg aus anspruchsvollen Menschen zusammensetzte und Preissenkungen sein Publikum nicht veränderten. Als Sir John Dalrymple darauf bestand, *Consequences of a Successful French Invasion* für sechs Pence zu verkaufen, war Gillray nicht erstaunt, dass »fast alle Blätter an Leute verkauft wurden, die eine halbe Krone [zwei Shilling sechs Pence] genauso bereitwillig bezahlt hätten wie einen Sixpence.«[40]

Sicher ist jedoch, dass das Publikum für Karikaturen zwischen 1790 und 1820 größer wurde. Es gab Karikaturen für Männer und Karikaturen für Frauen, raffinierte, doppeldeutige, vielschichtige Karikaturen, die zum Nachdenken einluden, wie auch schlichte Bilder, deren Bedeutung sofort ins Auge stach. Die kleinsten und unbedeutendsten werden oft verloren gegangen sein, aber Arbeiten wie zum Beispiel die von James Gillray mit anspruchsvollen ironischen Bildkommentaren lassen vermuten, dass sie lediglich in Ausnahmefällen für ein breites Publikum bestimmt waren. Im Jahr 1792 verkaufte der Crown-and-Anchor-Club *The Contrast* (Abb. S. 37), eine loyalistische Karikatur, von der mehrere Platten gestochen wurden. Die unkolorierte Ausgabe kostete drei Pence, die kolorierte sechs Pence und 100 unkolorierte Abzüge eine Guinee. Mit solch niedrigen Preisen versuchte man, den allgemeinen Markt auszubauen. Das Angebot für die 100 Abbildungen für eine Guinee richtete sich an wohlhabende Männer, die sie vielleicht an Angehörige der unteren Schichten weitergaben.[41]

Was machten nun die Kunden mit ihren Karikaturen? Die meisten wurden in Alben geklebt, entweder als Teil einer großen und methodisch angelegten Sammlung oder als eher zwanglos zusammengestellte Auswahl, die man in die Bibliothek einordnete und an einem regnerischen Tag zur allgemeinen Unterhaltung hervorholte. Manche Verleger boten ihrer Kundschaft fertige Karikaturensammlungen an. Im Jahr 1788 offerierte Holland »die größte Auswahl von politischen und anderen humoristischen Drucken in London, fertig gebunden und verziert mit eingraviertem Titel und passender Vignette. Einhundert Drucke in einem Band, fünf Guineen unkoloriert oder sieben Guineen koloriert.«[42] 1794 verkündete er, Folgendes zu besitzen: »[…] die größte Sammlung alter und seltener Karikaturen in diesem Königreich, die, gemeinsam mit denen modernen Datums, in Bänden arrangiert werden können, um eine interessante Darstellung von Witz und Genius zu präsentieren, wie jene, von denen er die Ehre hatte, sie für Ihre Königlichen Hoheiten den Prince of Wales und den Herzog von York anzufertigen.«[43] Der schwedische Gesandte Lars von Engeström gehörte zu Hollands Kunden, wie auch der österreichische Gesandte Graf Stahremberg, der eine große Sammlung von Karikaturen anlegte.

Als alternative Sammlermethode bot Holland im Jahr 1794 für Bibliotheken die Gesamtwerke bestimmter Künstler an: »Vollständige Sammlungen der Werke von Hogarth, Rowlandson, Bunbury, Byron, Woodward, Newton und Nixon, in Bänden arrangiert, fertig wenige Tage nach Eingang der Bestellung.«[44] Fores behauptete im Jahr 1794, in der Lage zu sein, »alle Werke von Mr. Bunbury und Rowlandson« zu liefern.[45] Einige erstellten auf diese Weise riesige Sammlungen. Im Jahr 1814 erschien in der Morning Post folgende Anzeige: »Eine umfangreiche Sammlung von seltenen und wertvollen KARIKATURENDRUCKEN, in zwanzig Folianten, und Originalwerke von Hogarth, alle identisch gebunden, mit den Werken von

Austen, R. West, Boyne, Bartolozzi, Bretherton, Collins, Sayers, T. Hook, Lord Townshend, Byron, O'Keefe, Woodward, Williams, Rowlandson, Gillray, Bunbury sowie allen gefeierten Satirikern des letzten Jahrhunderts, als komplettes politisches und historisches Porträt dieses Zeitalters.«[46]

Andere Sammlungen waren wesentlich bescheidener und für gelegentliche Zerstreuung bestimmt. Auch für diese Klientel sorgten die *printshops*. Fores, Ackermann und Tegg in London und McCleary in Dublin boten an, Bände mit Karikaturen für einen Abend oder ein Wochenende zu verleihen; Tegg veröffentlichte *The Caricature Magazine*.[47]

Viele weitere Karikaturen wurden ausgestellt. Galten sie als wertvoll, wurden sie hinter Glas gerahmt. Billigere Drucke hingegen wurden einfach gerahmt und gefirnisst oder schlicht auf irgendeine Oberfläche gezogen. Holland pries seine Waren: »[…] sie genießen höchste Wertschätzung von Damen und Herren, die ihre Ankleidezimmer, Alkoven, Billardräume etc. damit dekoriert haben«[48], wohingegen Thomas Tegg seine Kundschaft an Folgendes erinnerte: »Adelige, Gentlemen etc., die ihre Billardräume oder andere Zimmer mit Karikaturen zu verzieren gedenken, können aus Teggs Karikatur-Warenlager zu 100 Prozent preiswerter beliefert werden.«[49] Es war in Mode gekommen, »Bilddruckzimmer« einzurichten – Räume, die mit direkt auf die Wand aufgeklebten Arrangements von Drucken, manchmal dekorativ umrandet, verziert waren. Dasselbe ließ sich mit Wandschirmen machen. Matthew Darly verkaufte 1769 »Dekorationen für Bilddruckzimmer, Wandschirme, Decken etc. nach griechischem, römischem, italienischem und französischem Geschmack«[50], während später Rudolph Ackermann von George Woodward komische Bildumrandungen speziell für Karikaturen entwerfen ließ. Die Drucke fanden auch ungewöhnliche Verwendung: Lady Townshend beispielsweise sandte Mitteilungen »auf der Rückseite dieser politischen Karten«, die von George Townshend angefertigt worden waren, und in den 1730er-Jahren verkauften sowohl Martha Gamble als auch Jonathan Pinchbeck Fächer mit politischen Motiven.[51]

Kleine Karikaturen wurden in Zeitschriften wie *Oxford Magazine, Bon Ton Magazine, Westminster Magazine, Political Register, European Magazine, Hibernian Magazine* und *Attic Miscellany* sowie später in größeren wie *Meteor, Scourge* und *Satirist* veröffentlicht. Was sich hier ankündigte, war die allmähliche Bewegung des satirischen Drucks weg vom Einblattdruck hin zum Journalismus.

Übersetzung von MAIKE HARMS, Hannover, und PROF. DR. LISELOTTE GLAGE, Wilhelm-Busch-Gesellschaft e. V., Hannover.

1 Im damaligen Währungssystem entsprach ein Shilling (1 s) zwölf Pence (12 p) und ein Pfund (1 £) zwanzig Shilling. Eine Guinee hatte den Wert 1 £ 1 s. **2** Bevor in London ab den 1760er-Jahren eine Hausnummerierung eingeführt wurde, konnten die Gebäude anhand individueller Hauszeichen bzw. bemalter Schilder identifiziert werden. Der Globe und der Peacock waren Buchhandlungen, spezialisiert auf politische Pamphlete, in denen auch Grafiken, Stadtpläne und Schreibwaren verkauft sowie im Fall des Globe Zeitungen gedruckt wurden. **3** Vgl. London Evening Post, 26. 2. 1741. – The Motion, 28. 2. 1741, S. 3. – The Reason, 26. 3. 1741, S. 6. – The Funeral of Faction, 4. 4. 1741, S. 6. – The Acquittal, 14. 4. 1741, S. 6. – Cat in Pan, S. 6. **4** London Evening Post, 4. – 6. 10. 1743. **5** London Evening Post, 20. – 22. 3. 1744. **6** General Advertiser, 1./12. 5. 1746. **7** London Evening Post, 20. – 22. 12. 1744. – Vgl. auch General Advertiser, 12. 3. 1746. **8** Kleinere Abzüge wurden in Serien produziert: Im Jahr 1759 z. B. warb der Druckschriftenverleger S. Scott für eine neue Ausgabe einer »Political and Satirical History of the Years 1756 and 1757, in a Series of Seventy-five Humorous and Entertaining Prints, Containing all the most remarkable transactions«, für 6 s, oder 7 s gebunden – weniger als 1 p für sehr kleine Drucke, in: Public Advertiser, 9. 3. 1759. **9** Admiral Edward Boscawen z. B. erzählte seiner Frau: »Ich habe eine Sammlung von allen Gazetten, Drucken, Liedern usw. angelegt, die mir zu dieser Affäre [der Gerichtsprozess und die Hinrichtung von Admiral John Byng im Jahr 1756] zugesandt wurden, und beabsichtige, sie zu binden.«, in: Naval Miscellany IV, Naval Records Society XCII, 1952, S. 250. **10** Royal sheet: Englisches Papierformat, 50,8 × 63,5 cm. **11** Henry Fielding, The History of the Adventures of Joseph Andrews and of his Friend Mr. Abraham Adams, London 1742, S. I. **12** Louise Lippincott, Selling Art in Georgian London: The Rise of Arthur Pond, Yale u. a. 1983, S. 132 – 135. **13** Public Advertiser, 13./16. 4. 1757. **14** Public Advertiser, 20. 5. 1763. **15** Public Advertiser, 2. 10. 1762. **16** Ebd. **17** John Stuart, 3. Earl of Bute, schloss am 3. 11. 1762 den Frieden zu Fontainebleau mit Frankreich. Zusätzlich erhob er neue Steuern, wodurch der Konflikt mit den nordamerikanischen Kolonien entstand, und begünstigte die Tories. Durch diese Maßnahmen wurde Lord Bute derart unpopulär, dass er am 8. 4. 1763 zurücktreten musste. **18** Public Advertiser, 19. 5. 1762. **19** Public Advertiser, 1. 1. 1779 sowie 15./22. 10. 1772. **20** Vgl. David Alexander, Prints after John Collet: Their Publishing History and a Chronological Checklist, in: Eighteenth Century Life, 26,1 (2002), S. 136 – 146. **21** Diana Donald, The Age of Caricature: Sairical Prints in the Reign of George III, New Haven und London, 1996, S. 3. **22** London und Paris, 18 (1806), S. 7–10. – Diana Donald und Christiane Banerji, Gillray Observed: The Earliest Account of his Caricatures in London und Paris, Cambridge 1999, S. 246. **23** Briefe und Korrespondenz Gillrays, British Library Add Mss 27,337. **24** The Scotch Arms 1787, BM Satires 7125. **25** Public Advertiser, 1.1.1779. **26** Donald 1999, S. 245. – David Alexander, Richard Newton and English Caricature in the 1790s, Manchester 1998, S. 23. **27** British Library Add Mss 27,337. **28** Undatierter Brief (Anfang 1789) von Gillray an Fores, Bodleian Library Oxford, Curzon.b.2(176). **29** London und Paris, I (1798), S. 23, zit. nach Donald 1999, S. 45. **30** Vic Gatrell, City of Laughter: Sex and Satire in Eighteenth-Century London, London 2006, S. 494. **31** Alexander 1998, S. 19. **32** Morning Post, 26.11.1803. **33** Cooling the Brain, 8.5.1789, BM Satires 7529 (British Museum: J,3.92). Über die Website des Museums sind die Karikaturen über die in Klammern angegebene Inventarnummer abrufbar. **34** BM Satires 8146A (British Museum: 1851,0901.635) und BM Satires 8311 (British Museum: 1851,0901.644). **35** Caledonian Mercury, 26.7.1792. **36** Aberdeen Journal, 5.8.1799, S. 1. **37** 1734 bezahlte Arthur Pond für eine Gallone (4,5 Liter) Wein 6 s. Um 1815 kostete ein Pfund Tee nur noch ca. 7–10 s, während es 1721 noch 12 s kostete. Der Preis für ein Viertel Laib Brot lag während des Untersuchungszeitraums durchschnittlich bei 1 s, genauso viel, wie für eine kleine, einfache Karikatur bezahlt werden musste. **38** Hollands Catalogue of Humorous Prints, &., reprod., in: S. Turner, William Holland's Satirical Print Catalogues, 1788–1794, in: Print Quarterly, 16 (1999), S. 127–136. – Der Katalog fand sich in der Sammlung von Lars Engeström (1751–1826) in einem Band mit dem Titel »A Collection of various papers that serve to give an idea of the manners and habits of the English People collected in the years 1795 and 1795«. Eine weitere Serie erschien in dem Gesellschaftsblatt »The World« von 1787 bis 1794. **39** Donald 1999, S. 246. Vgl. auch Draper Hill, James Gillray the Caricaturist, London 1965, S. 77, und die Korrespondenz Gillrays, British Library Add Mss. 27,337 f. 20 ff. **40** Ebd. **41** Zu diesem strittigen Punkt vgl. Eirwen Nicholson, Consumers and Spectators: The Public of the Political Print in Eighteenth-Century England, in: History, 81 (1996), S. 5–21. **42** Alexander 1998, S. 19 und 43 f. – Simon Turner, William Holland and French Revolutionary Prints, in: Print Quarterly, 15 (1998), S. 193–195. **43** Ebd. **44** Ebd. **45** Vgl. z.B. BM Satires 8531 (British Museum: 1867,0713.401). **46** Morning Post, 8.3.1814, Verkauf durch Harry Phillips. **47** Vgl. z.B. BM Satires 8546 (British Museum: 1865,1111.2008). – Dazu auch Gatrell 2006, S. 634 Nr. 40. – BM Satires 11469 (British Museum: 1935,0522.8.164 und 1948,0214.668). **48** The World, 20.8.1789. **49** J. Heaton, A Catalogue of Prints, 1805 und SLUB Dresden h.37,4°, Nr. 6. New Publications by Thomas Tegg, in: George Moutard Woodward und Thomas Rowlandson, Chesterfield Travestie; or a school for modern manners, London 1808. **50** Public Advertiser, 13.6.1769. – Beispiele für die Serie »Grotesque Borders for Halls & Rooms«, radiert von Thomas Rowlandson nach George Moutard Woodward und von Rudolph Ackermann von 1799 bis 1800 finden sich im Online-Katalog des British Museum: 1935,0522.9.24.c, 1935,0522.9.25.c, 1935,0522.9.162-169, 1938,0527.14, 1948,0214.604, 1948,0214.606 sowie 1948,0214.640. **51** Zu Townshend vgl. Donald 1996, S. 16. – Martha Gamble bot in der Zeitschrift »Craftsman, or Country Journal« vom 9.6.1733 »entzückende Fächer« an; Pinchbeck und Mosley inserierten in der gleichen Zeitschrift am 4.11.1739 einen Fächer mit dem Titel »The European Race«.

HELEN LEWIS
NEW STATESMAN
23. AUGUST 2012

Tintenbesudelte Attentäter
Karikaturisten haben unsere Politiker seit Generationen in Zeitungen aufgespießt. Können sie im digitalen Zeitalter überleben?

»Die Tradition begann mit mir«, sagt Ingram Pinn und stellt seinen Becher auf den farbverschmierten Schreibtisch. »Ich hoffe, sie stirbt nicht mit mir.« Pinn ist der politische Karikaturist der *Financial Times* und teilt sein Büro mit anderen Illustratoren der Zeitung. Anders als auf dem Rest der Etage, die, wie die meisten modernen Redaktionen, Charme und Flair eines Call-Centers versprüht, haben hier Menschen ihre Spuren hinterlassen: Es gibt ein Bücherregal, gefüllt mit Bildwörterbüchern, Weinführern sowie wissenschaftlichen Lehrbüchern, ein altes Radio und eine witzige Zeichnung von Patrick Hughes, auf der eine Hand mit einem herabhängenden Stift zu sehen ist.

Auf dem Schreibtisch, direkt neben dem nicht mehr wegzudenkenden, verführerischen Mac, dem PC und dem Wacom-Grafiktablett, liegen Pinns alltägliche Werkzeuge: ein Bündel Malpinsel, ein zerbeulter Tuschkasten und eine breite Feder, noch schwarz von der Tinte zum Ziehen der Konturen. Es gibt sogar einen Föhn, der im Notfall kurz vor dem Abgabetermin zum Einsatz kommt. Sein Summen am späten Nachmittag hat schon so manchen Kollegen auf die Palme gebracht. Seit 1986 illustriert Pinn werktags die Leitartikel auf der Kommentarseite des Blattes und liefert samstags einen eigenen Kommentar in Karikaturform. Der 62-Jährige gibt zu, dass er der Letzte seiner Zunft sein könnte. »Es gibt hier zwar Leute, die mich ersetzen könnten und ein bisschen jünger sind, aber es scheint tatsächlich an Studenten zu mangeln, die mit ihren Mappen hier hereinkommen und sagen: ›Ich würde gern etwas Politisches machen.‹ Das Problem ist nicht, dass sich junge Leute nicht für Illustration interessieren«, fügt er hinzu. »Es ist einfach so, dass nur wenige ihr Talent auf die spezialisierte Kunstform der britischen Zeitungskarikatur verwenden wollen.«

Dieser Zustand bei der *Financial Times* ist keine Ausnahme. Das Cartoon Museum in der Little Russell Street in London ergänzt die Exponate um die Geburtsdaten aller dort ausgestellten Künstler. Stan McMurtry (der »Mac« in der *Daily Mail*) und Gerald Scarfe von der *Sunday Times* sind die ältesten Vollzeitbeschäftigten in der Fleet Street. Beide sind Jahrgang 1936. Peter Brookes von der *Times* wurde 1943 geboren, Steve Bell vom *Guardian* 1951, Peter Schrank vom *Independent* 1952. Überraschenderweise hat der *Telegraph* unter seinen fest angestellten Karikaturisten die jüngsten Pferde im Stall: Matt Pritchett (der Witzcartoonist »Matt«) ist 48 und Christian Adams 46 Jahre alt. Das Zeichnen von Zeitungskarikaturen gilt als Domäne einer Handvoll Männer im mittleren bis hohen Alter. (Frauen gibt es nur sehr wenige.) Solange sie es vermeiden können, gehen sie nicht in Rente. Viele von ihnen beklagen, dass sie sich das nicht leisten könnten. Der 81-Jährige Wally Fawkes, besser bekannt als »Trog«, verließ erst 2005, nach einer 62-jährigen Laufbahn, den *Sunday Telegraph*, weil sein Augenlicht nachließ (Abb S. 43). Bei der *Mail* erschien mir vor ein paar Jahren Ken Mahood – der damals auf die 80 zuging – wie ein Relikt eines galanteren Zeitalters. Am frühen Abend pflegte er seinen Witzcartoon abzuliefern, um anschließend den Redakteuren Kekse anzubieten, während diese mit der Erstellung des Layouts für den nächsten Tag beschäftigt waren.

Und dies ist das Paradox der Karikaturproduktion: einige wenige Dutzend Menschen können sehr gut davon leben, aber werden sie, wenn sie schließlich ihre Feder an den Nagel hängen, auch ersetzt? Die Auflagenzahlen sinken. Die jüngsten Zahlen des Audit Bureau of Circulations beweisen, dass der Markt für Tageszeitungen im letzten Jahr um 7,79 Prozent eingebrochen ist. Funktionieren Karikaturen auch, wenn man sie ihrer gewohnten Umgebung, der Zeitungsseite, entreißt? Werden sie in der

Trog [d. i. Wallyy Fawkes]
The Royal Circus
1977
From the British Cartoon
Archive, University of Kent,
Canterbury, UK

Werbebranche genug Aufmerksamkeit erregen, um im Internet existieren zu können? Und außerdem, wenn dies die letzte Generation von Zeitungskarikaturisten sein sollte: Was werden wir verloren haben, wenn sie fort sind?

Dido, in Despair!

Irgendwann im Jahr 1887 schuf ein 42-jähriger ehemaliger Bankangestellter namens Francis Carruthers Gould eine einfache Strichzeichnung für die *Pall Mall Gazette*, eine Londoner Zeitung, die später im *Evening Standard* aufgehen sollte. Dadurch wurde er zum ersten Karikaturisten, der es zu einer Festanstellung bei einer britischen Zeitung brachte. Unglücklicherweise ist diese erste Zeichnung verloren gegangen, nach seinen späteren Arbeiten für die *Gazette* zu urteilen, scheint es allerdings plausibel, dass auf ihr zwei Politiker abgebildet waren, lebensecht und in steifer Pose, die einer geistreichen Konversation nachgingen. Gould war ein großer Freund von Pastiches. So schuf er für seinen nächsten Arbeitgeber, die *Westminster Gazette*, ein Kaiserwalross in Anlehnung an *Alice im Wunderland*. »Er war ein sehr ermüdender Karikaturist«, erzählt mir Martin Rowson vom *Guardian*. »Überall nur Tiere mit Politikerköpfen. Eine Eule mit dem Kopf von Campbell-Bannerman. Äußerst langweilig.«

Die heutige Generation politischer Karikaturisten sieht nicht Gould als Stammvater dieser Tradition. Diese Ehre wird James Gillray (1757 – 1815) zuteil, der so komplexe Bildnisse fertigte, dass sie eingehend studiert werden mussten. Die meisten Leute pflegten sie über das Wochenende von einer Galerie auszuleihen, so wie wir heute eine DVD. Dann luden sie ihre Freunde zu sich ein, um die Details zu erörtern. Eines der bekanntesten Bilder von Gillray, *Dido, in Despair!* aus dem Jahr 1801 (Kat. Nr. 80), ist gespickt mit Anspielungen auf die Affäre von Emma Hamilton und Horatio Nelson. Emma wird dargestellt als dickliche, weinende Dido, völlig aufgelöst, weil Nelson / Aeneis sie per Segelschiff verlässt. Im Vers unterhalb des Bildes steht, dass ihr Liebhaber sie »mit den alten Antiquitäten zurückließ, damit ich mich hinbetten und weinen kann«, was die Leser als doppelte Anspielung auf die Leidenschaft

Ronald Searle
The Thinker
1977
Sammlung Monica & Ronald
Searle im Museum Wilhelm
Busch – Deutsches Museum
für Karikatur und Zeichenkunst

ihres Ehemannes für klassische Antiquitäten sowie auf dessen Alter deuten mussten – schließlich war
Sir William Hamilton 70, seine Frau hingegen 35 Jahre alt. Hamilton gefiel es auch, wenn Emma in griechischen Kleidern posierte, was er als ihre »Stellungen« bezeichnete. Ein aufgeschlagenes Buch auf der
Fensterbank verweist auf das Werk *Studies of Academic Attitudes taken from the Life*. Darin liegt eine
weibliche Person nackt auf dem Rücken, was – wie Nicholas Hiley vom Cartoon Centre der Universität Kent
in einer Studie zu Gillrays Bild bemerkte – »viele Leute als ihre charakteristischste Stellung betrachteten«.

Gillrays Arbeitsmethoden waren zeitaufwändig und kostspielig. Er ritzte Linien in mit Firnis oder
Wachs beschichtete Kupferplatten und tauchte sie anschließend in Säure, um die freiliegenden Teile weg-
zuätzen. Drucke wurden in einer Handpresse hergestellt und in Hannah Humphreys *printshop* im Londoner
Stadtzentrum veröffentlicht. Seine Arbeit brachte Gillray Ruhm, sogar traurige Berühmtheit. Seine satirischen
Zeichnungen von »Prinny« – dem Prinzregenten und späteren Georg IV. – waren derart skandalös und
intelligent umgesetzt, dass die königliche Familie sie sammelte. (Tragischerweise verkaufte Georg V. die
Sammlung später an die Bibliothek des US-Kongresses, um seine Briefmarkensammlung zu finanzieren.)
Nach Gillrays Tod – bereits vorher war sein Augenlicht erloschen und sein Verstand erschüttert – distan-
zierten sich seine Nachfolger von der überspitzten Karikaturtradition und wandten sich einer direkteren
Zeichenweise zu, wenn auch nach wie vor mit politischer Botschaft. Magazine wie *Punch*, das 1841 auf

den Markt kam, und Konkurrenten wie *Tomahawk* und *Judy* boten Karikaturisten eine Plattform; die in ihnen gezeigten Abbildungen enthielten häufig ausklappbare Zeichnungen im DIN-A3-Format. Sie wurden seitenverkehrt auf Holzstöcke aufgezeichnet, der Holzschneider entfernte danach die nichtdruckenden Bereiche. In den 1890er-Jahren kam die Photozinkotypie hinzu, ein fotomechanisches Verfahren zur Wiedergabe von Strichzeichnungen. Dadurch kam der Stil des Künstlers klarer zum Ausdruck. Zu Beginn des 20. Jahrhunderts schließlich ermöglichten die Fortschritte in der Drucktechnik es, Karikaturen von Text umfließen zu lassen, was ihnen den Weg auf die Kommentarseiten oder, im Falle einiger weniger Glücklicher, auf die Titelseite ebnete.

Könnte man sich einen Zeitraum aussuchen, in dem man als Karikaturist hätte tätig sein wollen, fiele die Wahl sicherlich auf die 1960er-Jahre. Der Satireboom schuf das überlegene Bewusstsein, dass das muffige alte Establishment nun auf den Kopf gestellt werden müsse. Überdies bot das neu auf dem Markt erschienene Magazin *Private Eye* den Karikaturisten einen Freiraum, in dem sie sich richtig austoben konnten. (*Private Eye* war herrlich hochnäsig gegenüber seinem Rivalen *Punch* und fertigte Zeichner, die den hohen künstlerischen Ansprüchen von *Private Eye* nicht gerecht wurden, mit einem der beiden Standardkommentare ab: »Versuch's noch mal« oder »Versuch's mal beim *Punch*«.)

Dies war die Glanzzeit von Ronald Searle (Abb S. 44), Gerald Scarfe und Ralph Steadman (Abb. S. 47). Searles »leichtere« Arbeiten haben häufig die künstlerische Finesse seiner Zeichnungen aus dem japanischen Kriegsgefangenenlager überdeckt, in dem er einen Großteil des Zweiten Weltkriegs verbracht und seine Kunstwerke unter den Matratzen von an Cholera sterbenden Gefangenen verborgen hatte, damit die Wachen sie nicht entdeckten. Scarfe, dessen Laufbahn von Bühnenbildern für Opern, Disneyfilmen und der Eröffnungssequenz der BBC-Serie *Yes Minister* gepflastert ist, gelang es, die *Daily Mail* zu überreden, ihn als Kriegszeichner nach Vietnam zu schicken. »Ein grausamer Künstler, entsandt in eine grausame Lage«, wie er es beschreibt.

Diese Erfahrung, sagt er heute, machte ihm die unglaubliche Inkompetenz der Mächtigen bewusst und ihn zum lebenslangen Kriegsgegner. »Bis zu diesem Zeitpunkt kannte ich den Krieg nur als etwas, das ich im Fernsehen gesehen hatte. Den ersten Schock bekommt man, wenn man sieht, wie jung die Soldaten sind – 19 oder 20 Jahre alt, noch halbe Schulkinder, denen man aufgetragen hat, ans andere Ende der Welt zu gehen und zu kämpfen, und die beinahe vor Angst sterben. Und die Vietnamesen sind das herzlichste Volk, das man sich vorstellen kann, so sanft und freundlich. Ihr Land hatte das Pech, als Schlachtfeld herhalten zu müssen, auf dem Ost und West ihren Kampf austrugen.« Scarfe sah sich außerstande, die Körperteile zu zeichnen, die in einer Leichenhalle an einem Flughafen aufgebahrt waren. »Ich war in Begleitung eines Schriftstellers, und unsere Absicht bestand darin, nicht die Schrecken des Krieges darzustellen. Was wirklich verrückt ist, denn ich scheine die Schönheit des Landes eingefangen zu haben, seine Flora und Fauna, die Grashüpfer.« Eine weitere Erfahrung, in deren Genuss heutzutage wahrscheinlich nur wenige Journalisten kommen werden, machte er in einer Opiumhöhle. »Ich bin kein Junkie, aber ich dachte mir, ›Einmal muss ich dieses Zeug ausprobieren.‹ Danach ging ich schnurstracks zum Hotel zurück und machte eine Zeichnung der Opiumhöhle. Das war die beste Zeichnung aller Zeiten, besser als Michelangelo, besser als Leonardo.« – Und wie sah sie am nächsten Tag aus? – »Schrott.«

Sprechende Hunde

Grob gesagt gibt es drei moderne Arten der Zeitungskarikatur: Die Kommentarkarikatur, den Cartoon und den Tagesstrip. Beispiele für Letzteren sind in den USA *Dilbert* und *Garfield*, im Vereinigten Königreich *Tamara Drewe*. Der Cartoon oder auch Witzcartoon besteht aus einem Einzelbild, das häufig mit einer Textzeile versehen ist. Matt [Matthew Pritchett] vom *Telegraph* ist der bekannteste Vertreter. Sein vermeintlich gigantisches Honorar und die Garantie auf einen Platz auf der Titelseite werden von vielen Kollegen mit nicht ernst gemeinter Eifersucht beäugt. Dem Druck, dem der Zeichner von Witzcartoons ausgesetzt ist, muss er durch einen Balanceakt aus Ernsthaftem und Absonderlichem standhalten. Pritchett erzählt mir, er habe Angst davor, dass ihm jemand auf Twitter zuvorkomme oder er vielleicht zu viele sprechende Hunde zeichne (die die Leser lieben).

Die letzte Form – und diejenige, an die die meisten Leute denken, wenn sie den Begriff »Zeitungs-karikatur« hören – ist der sogenannte op-ed oder auch Kommentarcartoon – eine Zeichnung in Postkar-tengröße, die auf der Kommentarseite einer Zeitung erscheint und von der man entweder eine zornig satirische oder eine freundlich foppende Darstellung der Tagesnachrichten erwartet. Einigkeit herrscht darüber, dass links orientierte Tageszeitungen eher zu Ersterem, rechts orientierte hingegen zu Letzterem tendieren. »Es gibt einen ziemlich starken Kontrast zwischen dem *Guardian* und dem *Telegraph*«, sagt Bob Moran, dessen Zeichnungen im *Telegraph* erscheinen. »Die Karikaturen aus dem *Guardian* sind tenden-ziell aggressiver. Die Leser möchten ihrem Ärger Luft machen, sie wollen [Politiker] fratzenhaft und hässlich dargestellt sehen, wie sie in ihren eigenen Fäkalien und ihrem Erbrochenen herumwaten. Beim *Telegraph* ist es nicht erlaubt, solche Dinge zu zeichnen. Hier will man die Leute zum Lachen bringen.«

Insbesondere Martin Rowson scheint in einer Mischung aus Anspielungen auf obskure litera-rische Texte und der Zugabe von Exkrementen zu schwelgen (Abb. S. 48). In einer Karikatur, die er im vergangenen Monat für den *Morning Star* gezeichnet hat, wird ein fünfärschiges Schwein dargestellt, das mit Sponsorenlogos der Olympischen Spiele 2012 verzierte Kothaufen durch Schließmuskeln in den Farben der Olympischen Ringe scheißt. Gelegentlich aber geht die Begeisterung für Magen- und Darm-geschichten selbst den links orientierten Zeitungen zu weit. Rowson verrät mir, sein Kollege Steve Bell, Karikaturist beim *Guardian*, liefere seine Arbeiten immer so spät wie möglich ab, damit die Redaktion sich glücklich schätze, dass die Zeichnung überhaupt eingetroffen sei. »Es gibt eine wunderschöne Geschichte, wie Georgina Henry, damals stellvertretende Chefredakteurin, eines schönen Abends gegen acht am Kommentar-Tisch vorbeikam und Steves Karikatur soeben eingetroffen war«, sagt er. »Sie war ein Glanzstück von [George W.] Bush als Affe, der neben einer kaputten Toilette kauert und sich den Hintern mit der Gründungsurkunde der UN abwischt. Und hinter ihm eine Wand, vollgespritzt mit Scheiße. Und sie guckt hin und sagt: ›Oh Gott, nein.‹ [Alan] Rusbridger hatte die Anordnung: ›weniger Scheiße in den Karikaturen, bitte‹ erteilt. – Sie wissen schon, das Vorrecht des Chefredakteurs – und sie und Steve hatten dann diese Auge-in-Auge-Konfrontation.« Was ist dann passiert? »Bell knickte schließlich ein und im größten Verrat an der Redefreiheit seit Galileo eliminierte er drei der Haufen mit Tipp-Ex.«

Karikaturen mit Persönlichkeit

Wie sieht der Alltag eines Karikaturisten aus? Alle haben sie ihre Marotten – Bell und Rowson arbeiten von zu Hause aus, Pritchett und Peter Brookes von der *Times* gehören zu denen, die den Trubel im Büro bevor-zugen. »Früher habe ich immer in meinem Büro meine Ideen entwickelt, aber jetzt sitze ich in der Bildre-daktion«, sagt Paul Thomas vom *Daily Express*. »Die Ideen entstehen aus Blödeleien mit anderen Leuten und kommen mir eher, wenn ich allgemein gut drauf bin und mich über etwas lustig machen kann.«

Einige Karikaturisten verwenden Feder und Tinte, andere Tusche oder Gouache und ein paar andere basteln zum Schluss an ihren Zeichnungen mit Bildbearbeitungsprogrammen wie beispielsweise Photoshop herum. Durch die Bank hindurch jedoch weigern sie sich, von Anfang bis Ende auf digitale Hilfsmittel zurückzugreifen. Manchmal aus Gewohnheit, manchmal aus gezielter Technikphobie und manchmal auch aufgrund des Formats ihrer Arbeiten. Gerald Scarfe, der seit den späten 1960ern für die *Sunday Times* arbeitet, zeichnet einen Meter hohe und einen halben Meter breite Bilder, die er dann auf einem übergroßen Spezialscanner digitalisiert, den er in Norwegen gekauft hat. Jeder schwört auf seine eigene Methode. Ingram Pinn hat seit Beginn seiner Arbeit bei der *Financial Times* immer noch seinen alten Tuschkasten, während Rowson bei Zeichentusche von Pelikan geblieben ist, auch nachdem er erfahren hat, dass diese für die Tätowierung von KZ-Häftlingen verwendet wurde. Das Leben der Zeich-ner folgt dem besonderen Rhythmus einer Tageszeitung, der wiederum dem Ablauf des Druckprozesses und der Verteilung des physischen Produkts unterliegt. Für die meisten Karikaturisten beginnt der Arbeitstag gegen 10 Uhr vormittags mit der Lektüre der Morgenzeitungen und der Entscheidung, welches Thema zu behandeln ist. Nicht abgeschlossene Geschichten gestalten sich schwierig, wie auch jene, die sich eher um Politik als um konkrete Personen drehen. »Im Moment würde ich gern viel zum Thema Syrien zeichnen«, erzählt mir Brookes. »Aber die Nachrichten, die uns aus Syrien erreichen, sind alle gleich.

Ralph Steadman
Ohne Titel
o. J.
From the British Cartoon
Archive, University of Kent,
Canterbury, UK

Dasselbe ließe sich auch über die Eurozone sagen, alles ein Einheitsbrei. Es wird verdammt langweilig, immer noch einen weiteren Cartoon zum selben Thema [zu haben]. Aber wenn das nun mal Thema ist, dann musst du es irgendwie machen. Die Herausforderung an mich – und das genieße ich an meiner Arbeit – besteht darin, für diese Arbeit neue Wege zu finden.«

      Allgemeiner Unmut herrscht über farblose Politiker. Wehmütig denkt man an die Zeiten von Margaret Thatcher zurück, nicht nur, weil ihre Frisur und ihre Handtasche sofort bildhafte Assoziationen weckten, sondern vor allem wegen ihrer dominanten Persönlichkeit. Scarfe mag sie mit überspitzten Gesichtszügen gezeichnet haben, aber das ist nicht der Ausgangspunkt seiner Thatcher-Porträts. »Der beste Weg ist, ein Gefühl für die Person zu entwickeln, sich in sie hineinzuversetzen«, sagt er mir am Telefon. »Es hat nicht unbedingt etwas mit einer großen Nase, großen Ohren, einem großen Kopf auf einem kleinen Körper zu tun – es ist in erster Linie das, was man für die Person empfindet. Die Karikatur muss sich aus der Persönlichkeit ergeben. Als ich Thatcher zeichnete, war sie so aggressiv, so angriffslustig, wie ein Raubvogel.« Das führte zu Darstellungen, die sie als Messer oder Axt zeigten. »Nimmt man sich jedoch jemanden wie den guten alten John Major vor, eine graue Eminenz und ein hoffnungsloser Fall, den hätte man nicht als Axt zeichnen können. In ihm steckte keine Axt.« Aus ähnlichen Gründen war Nicolas Sarkozy mit seiner Hakennase, seinen hohen Absätzen und einem Hauch von Napoleon ein

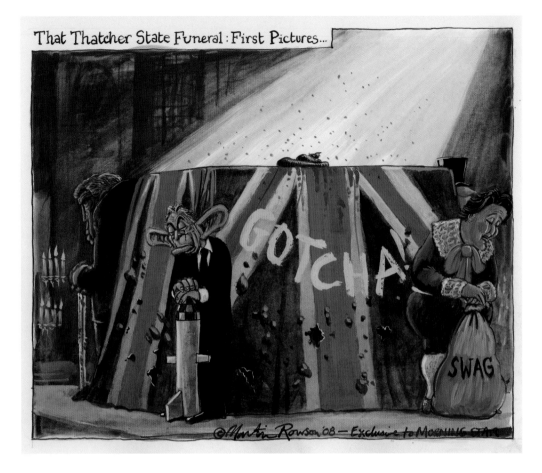

Martin Rowson
**That Thatcher State
Funeral: First Pictures …**,
2008
Besitz des Künstlers

Gottesgeschenk. Das gegenwärtige britische Kabinett und Schattenkabinett dagegen ist es weitaus weniger. Nick Clegg, darüber ist man sich allgemein einig, »hat kein Gesicht«. Rowson umging diese Tatsache, indem er ihn wiederholt als Pinocchio dargestellt hat. Und Bob Moran vertritt die Meinung, George Osborne »sieht aus, als müsste er eigentlich dick sein. Er ist wie ein dicker Mann im Körper eines dünnen, also zeichnet man ihn gewöhnlich dicker, als er ist, und es funktioniert.«

Der Trend zu jüngeren, fotogeneren Politikern verdirbt ziemlich den Spaß. »Blair fand ich anfänglich schwierig zu zeichnen, ohne ihn wie Bambi aussehen zu lassen«, sagt Pinn. »Aber als er älter wurde, wurde es einfacher – er sah abgespannter aus und sein Auge war größer geworden.«

Als David Cameron an die Macht kam, stellte sein glattes und unauffälliges Gesicht eine ähnliche Herausforderung dar. Nach einer Weile jedoch hatte man sich stillschweigend darauf geeinigt, ihn mit vollen, rosigen Wangen und glänzender Haut darzustellen. Dies ist eine weitere Eigenheit der Karikaturistenzunft. Nach einer gewissen Zeit beginnen die Karikaturen eines Politikers auf die Arbeiten anderer Karikaturisten abzufärben, so wie auch auf das Erscheinungsbild ihres bedauernswerten Opfers. Denken wir noch einmal an Cameron. Er hat keine rosigen Apfelbäckchen, und dennoch sind sie Teil seines Mythos geworden, denn sie symbolisieren den wohlgenährten, dynamischen, aber nicht allzu intelligenten Privatschüler. Das ist auch die treibende Kraft dafür, dass Scarfe ihn in höfische Kleidung steckt, oder Rowson ihn in Pluderhosen zeichnet. (Im Gegensatz zu Stanley Baldwin, David Lloyd George und Winston Churchill – Letzterer sammelte Karikaturen von sich und hängte sie in seinem Haus in Chartwell, Kent, auf – sagt man Cameron nach, er hasse diese Karikaturen. Aber zumindest nimmt er sie nicht so übel wie Gordon Brown, der einst, so erzählt man sich, einen ungenannten Karikaturisten gefragt haben soll, warum er ihn immer so fett darstelle. »Weil Sie fett sind«, kam die Antwort.) Bei einem Kaffee in der Punch Tavern in der Fleet Street frage ich Thomas vom *Express*, wie er den Premierminister zeichne. »Ich zeichne nicht mehr ihn, sondern nur noch das da.« Er nimmt eine Serviette und skizziert zwei runde Augen auf einem unvollständigen Dreieck als Nase. »Und die Leser wissen sofort, das ist Cameron. Alle Karikaturisten zeichnen Versionen von Karikaturen der anderen, und [er sieht] zwar überhaupt nicht so aus, wie ich ihn zeichne, aber die Leute wissen trotzdem Bescheid, weil ich ihn neben der Downing Street Nr. 10 platziere. Er hat ein Wachsfigurengesicht.« Scherzend bietet er mir die Serviette als Geschenk an.

So wie sich Karikaturisten der Arbeit ihrer Kollegen bedienen, so beurteilen sie sich auch gegenseitig. Weil jeder jeden kennt, ist es schwierig, sie dazu zu bewegen, sich ehrlich über ihre Konkurrenten zu äußern. Verspricht man ihnen aber Anonymität, rennt man offene Türen ein. »Ich liebe Martin Rowson wie einen Bruder«, behauptet einer, bevor er einige Minuten lang genüsslich über ihn herzieht. »Ralph Steadman ist ein wesentlich interessanterer Künstler als Dave Brown vom *Independent*«, sagt ein anderer. »Dave ist ziemlich schlüpfrig, Ralph aber ist dreckig, schmutzig, versaut und sexy.« Ein dritter erzählt mir: »Man holt sich keine Lorbeeren, indem man das Wort ›fuck‹ in einer Karikatur unterbringt. Darauf stolz zu sein, finde ich, ehrlich gesagt, ziemlich erbärmlich.« Einer erzählt mir die Geschichte, wie er merkte, dass ein Konkurrent seine Idee gestohlen hatte. Er reagierte, indem er die nächste Karikatur des Plagiators für eigene Zwecke verwandte, wohl wissend, dass er dafür nicht zur Rechenschaft gezogen werden würde.

Wie in jeder eng verbundenen Gemeinschaft hat sich eine Hackordnung entwickelt. Jeder Karikaturist beobachtet aus dem Augenwinkel, wer momentan erfolgreicher ist als er selbst oder welcher Stern im Sinken begriffen ist. Allgemeines Naserümpfen herrscht über bestimmte bildliche Klischees. Zwei der meistverspotteten sind Britannia und die weinende Freiheitsstatue. (»Oh verdammt, das habe ich so oft gemacht«, sagt mir ein Künstler.) Eine zusätzliche Beschriftung – also eine Schnecke zeichnen und »IWF« darauf schreiben – wird ebenfalls argwöhnisch beäugt, wenngleich sie manchmal nicht zu vermeiden ist. Die Onlineveröffentlichung politischer Karikaturen hat auf Seiten der Herausgeber dazu geführt, alles auf diese Weise erklären zu wollen. »Ich lege sehr großen Wert darauf, die Dinge nicht zusätzlich zu erläutern, sie nicht so offensichtlich zu machen, indem ich zum Beispiel ›US-Wirtschaft‹ auf die Rückseite von Obamas Hemd schreibe oder Ähnliches. Ich baue auf das Hintergrundwissen des Lesers, ohne dass ich ihm etwas erklären muss«, sagt Peter Brookes. »Und diese Fähigkeit erwirbt man durch die Arbeit auf einer Zeitungsseite besser, als man es je auf dem Bildschirm könnte.«

Die meisten Karikaturisten sind sich darin einig, dass ihre Arbeiten, von hinten beleuchtet, auf dem Monitor schön anzusehen sind; das Web-Format birgt jedoch auch Nachteile – nicht nur im Hinblick auf die wachsende Abneigung einer internationalen Leserschaft, die so starken satirischen Tobak nicht gewohnt ist. »Aus dem Zusammenhang der Kommentarseiten gerissen, finde ich, sind sie zu etwas Anderem, etwas Geringerem geworden«, sagt Brookes. »Auf der Internetseite sind sie isoliert. Man muss zwei oder drei Klicks machen, um an den Kontext zu kommen.« Pinn stimmt zu: »Wenn sie einfach da sind, zack, mitten auf der Seite, kommen sie psychologisch etwas anders rüber.«

Der Kommentarcartoon ermöglicht dem Leser eine Auszeit von durchgängigen Textspalten, er kommt aber auch ziemlich ungezogen daher, wenn in Verbindung mit hohen Tieren etwas Lustiges oder Unverschämtes zum Vorschein kommt. »Er bildet eine Oase der Anarchie in der Zeitungslandschaft, der [...] nicht seine Bedeutung, aber seine Wirkung übertreibt«, sagt Rowson. »Ich erhalte gewöhnlich mehr Todesdrohungen als die Kolumnisten, auf deren Beiträgen meine Karikatur wie ein Wasserspeier hockt, denn die Leute reagieren auf dieses sichtbare Stück Anarchie, wenn sie die Zeitung durchblättern.« Selbst die Witzzeichner merken, dass ihre Platzierung in der Zeitung von vitaler Bedeutung für ihr Tun ist. »Es wäre unendlich traurig, wenn es nicht jeden Tag ein gedrucktes Exemplar gäbe«, sagt Pritchett. «Wenn ich über einer Karikatur brüte, stelle ich mir immer vor, wie sie auf der Seite platziert sein wird und welche Schlagzeilen sie umgeben werden. Manchmal, wenn sie von schrecklichen Nachrichten begleitet wird, kann sie ein kleiner Lichtblick auf Zeitungsseiten voller Horror sein. Das ist manchmal der perfekte Ort für einen Scherz.«

Seine erste veröffentlichte Zeichnung für den *Telegraph* erschien, nachdem das Blatt am Vortag versehentlich ein falsches Datum gedruckt hatte. Sie hatte folgenden Text: »Ich hoffe, ich habe einen besseren Donnerstag als gestern.« Das ist Teil dessen, was verloren gehen wird, wenn die gedruckten Zeitungen von der Bildfläche verschwinden – das Füllhorn an Anspielungen, das politische Karikaturen so einzigartig macht. Wenn sie frei durch den Cyberspace schweben, müssen sie ganz und gar für sich selbst stehen. In seiner Position beim *Guardian* kann Steve Bell über Wochen, Monate oder gar Jahre Witze und visuelle Anspielungen wie beispielsweise John Majors Unterhosen (Kat. Nr. 6) oder Camerons Kondom-Kopf (Abb. S. 26) kultivieren. Aber wäre das einem Karikaturisten ohne feste Arbeitsstelle ebenfalls möglich?

Lehrer verspotten

Nur schwer lässt sich eine so kleine Berufsgruppe finden wie die der Karikaturisten, der so viele Auszeichnungen, Gesellschaften und Organisationen gegenüberstehen. Jedes Jahr im November trifft sich eine Gruppe von Männern zum Abendessen im Gay Hussar in der Greek Street in Soho (Kat. Nr. 4), um zu entscheiden, wer die Auszeichnung »Young Cartoonist of the Year« erhalten soll. Diese Trophäe wird von der Political Cartoon Society verliehen, nicht zu verwechseln mit der Professional Cartoonists' Organisation, »die sich im Jahr 2006 aus dem Zusammenschluss der Cartoonists' Guild und dem britischen Zweig der Federation of Cartoonists' Organisations bildete. Erfolgreiche Zeichner können ihre Arbeiten im Cartoon Museum ausstellen oder sie vom British Cartoon Archive an der Universität Kent käuflich erwerben lassen. Wann immer sich die Karikaturisten treffen, tritt ihre Doppelnatur zutage. Viele haben das unsichere Standesbewusstsein eines Sitcom-Schreibers, gepaart mit der Generosität eines Künstlers, dessen Größe bereits zu Lebzeiten erkannt wird. Sie sind hervorragende Gesprächspartner, aber, so könnte ich mir vorstellen, auch ein strapaziöser Haufen. »Es ist ein richtiges Zicken-Treffen«, beschreibt Paul Thomas das alljährliche Festessen. »Können Sie sich vorstellen, wie es ist, wenn 15 Männer in einem Raum versuchen, lustiger zu sein als der andere?« Rowson sagt, früher war es noch schlimmer, als die Büros der großen Zeitungen näher beieinander lagen und die Karikaturisten sich regelmäßiger sahen. »Wir haben uns alle gehasst. Als ich vor 30 Jahren anfing, gingen alle in einen Pub, und es war ein Albtraum. Michael Heath [vom *Spectator*] gab diese Dinnerpartys immer in Brydges Place 2 [einem privaten Club in Soho], und man konnte nicht mal pinkeln gehen. Sobald man den Raum verließ, wusste man, dass alle sagen würden: ›Was hat denn dieses Arschloch hier zu suchen?‹ Also verbrachten all diese Leute den Abend damit, ihre Beine zusammenzupressen und ihren Harndrang aufzuhalten.«

Respektlosigkeit gegenüber Autoritätspersonen gehört auf jeden Fall zum Handwerk. Viele begannen ihre Laufbahn, indem sie ihre Lehrer zeichneten. Und Matt Pritchett bringt es auf den Punkt: »Politiker sind die Lehrer der Erwachsenenwelt.« Das überträgt sich auch ins Büro. »Ich finde, ich habe etwas mehr Freiheit, frech zum Herausgeber zu sein, als die anderen, hoffe ich wenigstens«, sagt Thomas. »Ich darf ohne Krawatte ins Büro gehen und aufmüpfig sein.«

Was für den einen aufmüpfig ist, ist für den anderen naturgemäß grob anstößig, und an dieser Grenzlinie bewegen sich Karikaturisten täglich. Es ist ein Ammenmärchen, dass sich die Öffentlichkeit heutzutage, nachdem sie jeglichen Respekt vor dem Establishment – den Politikern, der Kirche, der Monarchie – verloren hat, durch nichts mehr schockieren ließe. Das stimmt so nicht ganz. Kontroverse Karikaturen zu den Themen Tod, Religion und Naher Osten erregen noch immer breiten Anstoß.

Da haben wir zunächst den Tod. Einige der Karikaturisten, mit denen ich gesprochen habe, empfinden ihre Karikaturen, die sie einen Tag nach den Anschlägen des 11. Septembers 2001 gezeichnet haben, heute als nichtssagend, ja sogar rührselig. (Es gab mindestens eine weinende Freiheitsstaue.) Was aber hätten sie auch tun können? Es gab nichts zu sagen, außer dass eine Tragödie geschehen war. Die Politik kam später dran. Ein ähnliches Problem ergab sich beim Tod Lady Dianas 1997. Steve Bells Karikatur anlässlich ihrer Beerdigung musste vor der Veröffentlichung korrigiert werden – an ihrem Leichenwagen, dargestellt als fahrender Lastwagen, wurden die an der Seite prangenden Worte »Global Interstiff« [Globale Beisetzung] in »Non-Royal Windsors« [Nicht-königliche Windsors] geändert. Ein Jahr später, an ihrem ersten Todestag, erregte die Karikatur von Charles Griffin für den *Daily Express* auf andere Weise Anstoß: Unter dem Titel *The Queen of all our Hearts* zeigte sie Diana, die ein kahlköpfiges, vermutlich krebskrankes Kind in ihren Armen wiegt, während eine Gruppe unterernährter afrikanischer Jugendlicher ihr dabei zuschaut.

Sidney George Strube
Home again, vor 1955
From the British Cartoon
Archive, University of Kent,
Canterbury, UK

Das zweite Tabu ist die Religion. Sowohl Scarfe als auch Brookes wurden wegen satirischer Darstellungen der katholischen Kirche zensiert. 2009 kritisierte Brookes die Behauptung Benedikts XVI., Kondome stellten für die Aidskrise im Afrika südlich der Sahara keine Lösung dar. Seine Karikatur für die *Times* präsentierte den Pontifex mit einem Kondom als Kopfbedeckung, in dessen Spitze eine Nadel steckte (eine Anspielung auf die Behauptung der Kirche, Kondome seien durchlässig für HIV). Kardinal Cormac Murphy O'Connor, der damalige Erzbischof von Westminster, schrieb einen Protestbrief an die Zeitung: »Ich war entsetzt über die geschmacklose Karikatur Papst Benedikts XVI. Keine Zeitung sollte eine derartige Respektlosigkeit gegenüber einer Person ausdrücken, die bei einem Großteil der Christen dieser Welt höchstes Ansehen genießt. Den Papst in dieser Weise dem Spott auszusetzen, ist absolut inakzeptabel.« Brookes bleibt kämpferisch. »Ich hatte nicht das Gefühl, in irgendeiner Weise einen Fehler begangen zu haben oder es zurücknehmen zu müssen«, sagt er.

Scarfes Provokation der Kirche war noch gezielter. Seine Karikatur *Hell* aus dem März 2010 stellt einen leichenhaften Papst dar, der Kinderschänder und ihre schreienden, mit Schlafanzug bekleideten Opfer unter seiner Soutane verbirgt. »Sie würden staunen, wie viele Katholiken mir geschrieben haben«, sagt er. »Einige von ihnen meinten, ›Ich bin katholisch und ich stimme Ihnen zu‹. Die meisten aber sagten, ›Sie sehen das falsch‹.«

In keiner Diskussion über Religion dürfen die Karikaturen unerwähnt bleiben, über die in den letzten zehn Jahren am meisten gesprochen wurde: die 2005 in der dänischen Zeitung *Jyllands Posten* publizierten »Mohammed-Karikaturen«. Nach ihrer Veröffentlichung wurde die dänische Botschaft in Islamabad bombardiert sowie Vertretungen in weiteren Städten angegriffen. Anita O'Brien, Kuratorin des Cartoon Museums, erklärt, dass sie diese Werke nicht ausstelle. Nicht, weil sie irgendwelcher politischen Korrektheit widersprächen, sondern weil sie keine guten Satiren seien. In seinem Buch *Giving Offence* schreibt Rowson, die Bilder seien von der rechts orientierten Zeitung geordert worden, um eine Reaktion zu provozieren und eine fremdenfeindliche Einstellung gegenüber Muslimen in Dänemark zu schüren.

Dies sei ihnen geglückt. Die gewaltsame Gegenreaktion auf die Karikaturen hat die Haltung mancher Westler gegenüber dem Islam verhärtet.

Kommen wir schließlich zum Nahen Osten. Selbst Ingram Pinn, ehemaliger Kunstlehrer und alles andere als ein Aufwiegler, bekommt Reaktionen, wenn er in Karikaturen den Staat Israel kritisiert. »Ich kann mich erinnern, dass ich mal eine gezeichnet habe, und da kommt dieser Typ und sagt: ›In all den 25 Jahren als Leser einer großen Anzahl seriöser Zeitungen habe ich noch niemals etwas derart abstoßend Ekelhaftes gesehen‹.« Man kann nur spekulieren, was dieser Mann zu Dave Browns Karikatur für den *Independent* aus dem Jahr 2003 gesagt haben würde, in der Ariel Sharon ein palästinensisches Baby verschlingt. Die israelische Botschaft, von Sharon unterstützt, nannte sie eine Neuauflage der jüdischen »Ritualmordlegende«. Der Anwalt der Botschaft, Anthony Julius, argumentierte, sie sei »auf irrwitzig unverantwortliche Weise antisemitisch«. Der *Independent* verteidigte die Karikatur und wies darauf hin, bei dem Werk handele es sich um eine Persiflage eines Gemäldes von Francisco de Goya, das bereits vorher parodiert worden sei. Die Press Complaints Commission lehnte es ab, Brown zu zensieren.

Kein Blick zurück

Im Jahr 2011 ging die Auszeichnung für die »Politische Karikatur des Jahres« an einen Studenten namens Ben Jennings, für eine Zeichnung Libyens in Form von Muammar Gaddafi. Jennings, der den Samstagscartoon für *the i*, einen Ableger des *Independent* zeichnet (Kat. Nr. 104), war einer von sechs jungen Karikaturisten und Karikaturistinnen, die im Sommer 2010 vom *Guardian* gebeten wurden, Rowson und Bell zu vertreten. Die unter hunderten von Bewerbern ausgewählten drei Männer und drei Frauen gelten sicherlich als die wahrscheinlichsten Nachfolger der heutigen Generation. Nichtsdestotrotz sind ihre Erfahrungen ein Abbild der Probleme, die derzeit die gesamte Welt des Journalismus heimsuchen.

Bluelou zum Beispiel lebt in Bristol und ist alleinerziehende Mutter zweier Kinder. Sie arbeitet (unbezahlt) für den *Morning Star* und aufgrund der langen Wege und der Kindererziehung kann sie nicht die Netzwerke knüpfen, die nötig sind, weitere Absatzkanäle für ihre Arbeiten aufzutun. Nick Hayes schlägt sich hauptsächlich als Illustrator durch und produziert nur in Vertretung für die Festangestellten des *Guardian* gelegentlich politische Karikaturen, während Bob Moran von Taunton in Somerset alle vierzehn Tage zum *Telegraph* nach London pendelt. Sowohl Jennings als auch Moran waren an der Kunsthochschule die einzigen Studenten in ihren Klassen, die sich für politische Karikatur interessierten.

Die großformatigen Zeitungen zahlen einem freien Zeichner etwa 400 Pfund pro Kommentarkarikatur, womit man sich gerade so über Wasser halten kann. Andernorts fällt die Ausbeute noch wesentlich magerer aus. Um 1931 verdiente Sidney Strube beim *Daily Express* etwa 10 000 Pfund im Jahr, was ihn zum bestbezahlten Mann in der Fleet Street machte (Abb. S. 51). Im Jahr 1966 bot die *Daily Mail* Gerald Scarfe 6 000 Pfund und einen Jaguar E-Type, um ihn daran zu hindern, zum *Express* überzuwechseln. Im Jahr 2012 spekulierte zwei Quellen zufolge *the i* darauf, einen Cartoon-Zeichner einzustellen, der ein halbes Dutzend Entwürfe und eine fertige Arbeit für 19 Pfund pro Tag abliefern würde (der stellvertretende Chefredakteur Sean O'Grady behauptet allerdings, dies sei »nicht korrekt«). Die Professional Cartoonists' Organisation war so empört. dass sie die Geschichte im *Private Eye* veröffentlichte.

Außerhalb des Zeitungswesens sind die Jobs rar gesät. Der *Punch* hat sein Erscheinen eingestellt, und viele Zeitschriften wechselten in den 1980er-Jahren von Karikaturen zu Fotografien. Sowohl *The Spectator* als auch *Oldie* und *Private Eye* veröffentlichen Witzzeichnungen, erhalten aber so viel Material von etablierten Zeichnern, dass sie nur selten einem neuen Gesicht eine Chance geben. »Wenn junge Künstler etwas einsenden, passiert das oft zum ungünstigsten Zeitpunkt, und häufig reagieren sie zu spät auf politische Ereignisse«, sagt Brookes. »Die Zeichner trifft überhaupt keine Schuld. Ich denke, das richtige Timing ist verdammt schwer und lässt sich nur durch Praxis lernen.« Aber werden bei so wenig zahlenden Abnehmern die jungen Karikaturisten von heute überhaupt bereitstehen, wenn die Vorgängergeneration in Rente geht?

Ob diese Form der Karikatur überleben wird, darüber gehen bei den älteren Karikaturisten die Meinungen auseinander. »Sie wird mich hinausbegleiten«, ist ein Spruch, der häufig zu hören ist. »Die Karikatur im Internet mag zwar eine radikale Zukunft haben, aber eben eine unbezahlte«, sagt Andy Davey, Karikaturist bei der *Sun*. Dessen Meinung greift Rowson auf: »Seit dem Jahr 1695, in dem es nicht gelungen ist, den *Licensing Act* zu erneuern, gibt es diesen Erguss der Bildsatire. […] Über ein Drittel dieser Epoche haben wir uns wie Parasiten auf dem Rücken der Zeitungen ernährt, und wenn die Zeitungen sterben, werden wir, wie jeder andere widerliche Parasit mit Verstand, abspringen und uns den nächsten Wirt suchen.«

Dies erzähle ich Paul Thomas, der tief aufseufzt. »Martin macht immer Witze, dass wir während des Wettbewerbs zum »Young Cartoonist of the Year« die Gegner genau lokalisieren und ihnen dann die Finger brechen könnten. Aber wir ermutigen die kleinen Kerlchen auch noch. Was macht es für einen Sinn, Menschen für ein aussterbendes Gewerbe Mut zu machen?«

Postskriptum: Cartoons im New Statesman

»Meinen ersten richtigen Auftritt hatte ich im *New Statesman*«, sagt Martin Rowson. »Er bestand aus einer Reihe unerträglich schlechter Witze. Der erste Cartoon handelte von Marx und Engels, die ein altes Haus inspizieren. Engels schaut in das Plumpsklo und sagt: ›Hey, Marx, sieh mal, da drin liegen ein paar antike Stradivaris, worauf Marx an seiner Zigarre zieht und antwortet: ›Ach, Engels! Das sind doch bloß die Geigen, die da schon immer drin waren‹.«

Rowson gehört zu den Karikaturisten, denen der Durchbruch im *New Statesman* gelang. Dieses Magazin brachte auch die allerersten professionellen Werke Matt Pritchetts vom *Daily Telegraph* heraus. Und in den 1980er-Jahren lief eine Cartoonserie von einem jungen Hüpfer namens Will Self. (Was aus dem wohl geworden ist?) Nachdem er die *Daily Mail* 1967 verlassen hatte, begann Gerald Scarfe für den *New Statesman* unter dem Herausgeber Paul Johnson zu arbeiten. Er schickte mir zwei der Zeichnungen aus jener Zeit. Auf der einen sieht man Lyndon B. Johnson, der Bomben auf Vietnam scheißt, auf der anderen Aubrey Beardsley, in Beardsleys unverkennbarem Stil, jedoch mit übergroßen Genitalien.

Scarfes Karriere beim *New Statesman* war zu Ende, als er ein Bild Konrad Adenauers einreichte. Johnson war überzeugt, Scarfe habe Kinn und Wangen des deutschen Bundeskanzlers so gezeichnet, dass sie einem Penis mit Hoden ähnelten. (Nachdem ich mir das Bild angesehen habe, schicke ich ihm eine Mail und teile ihm mit, dass ich auf Johnsons Seite stehe – es ist definitiv ein Penis.) Was moderne Karikaturisten an diesem Magazin so anziehend finden, ist sein Erbe: In den 1920er-Jahren veröffentlichte der *New Statesman* von David Low angefertigte Karikaturen bekannter Größen, und in den 1940ern und 1950ern ging Victor »Vicky« Weisz hier seinem Gewerbe nach. Rowson hat eine dieser Karikaturen an seine Toilettentür gehängt. Sie wurde aus einem Container gerettet, als der *Statesman* in den 1990er-Jahren seine Büros von Shoreditch nach Victoria verlegte.

Heute veröffentlicht das Magazin Karikaturen von Ralph Steadman, der seit 1976 für den *New Statesman* arbeitet. Aktuell haben wir Danny Boyle im Visier. Wir veröffentlichen Zeichnungen der Witzkarikaturistin Grizelda, einer der wenigen Frauen in diesem Gewerbe, sowie von David Shrigley und David Simonds. Allerdings gibt es momentan keine regelmäßig erscheinende politische Karikatur. Einige der interviewten Karikaturisten haben das angesprochen. Dazu kann ich nur sagen, dass dies keine bewusste Entscheidung war, sondern daraus resultierte, dass die Zeitungsseite eingestellt wurde, auf der die Karikaturen erschienen. Vermissen unsere Leser das? Das würde mich interessieren.

Übersetzung von KARL JANKE und MAIKE HARMS.
Der Artikel wurde in der vorliegenden Fassung mit vom englischen Original abweichenden Bildbeispielen und Verweisen auf den Katalog ausgestattet.

KATALOG

Prolog: Von Bunbury bis Bell

Die Entwicklung der britischen Monarchie in der Zeit der Personalunion mit Hannover von 1714 bis 1837 stand in enger Verbindung mit dem Aufschwung der Karikatur, die in jenem Zeitraum ihr »goldenes Zeitalter« erlebte.

Bei ihrem Übertritt von Hannover nach London wurden die deutschen Kurfürsten auf dem britischen Thron in der ersten Hälfte des 18. Jahrhunderts nicht nur mit parlamentarischen Regeln konfrontiert, die ihre Herrschaft beschränkten, sondern auch mit einer quirlig-renitenten Residenzstadt, die ihresgleichen suchte. Die Hafenstadt an der Themse, seit Jahrhunderten traditionelles Zentrum der britischen Inseln, war Metropole eines maritimen Weltreichs im Werden, in der die Waren- und Informationsströme vom ganzen Globus zusammentrafen.

In London hatten die bedeutendsten Karikaturisten des Landes wie Henry William Bunbury, James Gillray, Thomas Rowlandson, Richard Newton oder George Cruikshank ihre Wohn-, Arbeits- und Publikationsstätten, nicht selten alles in einem. Ihre Selbstporträts zeigen einen neuen Künstlertyp an der Grenze zum Journalisten, der sich selbstbewusst über eine bisher gering geachtete Arbeit definiert. Auch ihre Zunftgenossen im 20. und 21. Jahrhundert, Künstler wie Gerald Scarfe, Ralph Steadman, Martin Rowson oder Steve Bell, arbeiten noch traditionell mit Feder, Tusche und Papier, auch wenn sie ihre Produkte längst digital an die Redaktionen der Hauptstadtzeitungen, etwa des *Guardian,* schicken. Die jüngere Generation der Zeichner wie Modern Toss oder Ben Jennings hat dagegen die traditionellen Mittel gänzlich aufgegeben und arbeitet nur noch digital. Aber alle sind sie die Vertreter einer bis heute ungebrochenen Tradition politischen und sozialen Zeichnens, wie sie nirgendwo anders als in England zu finden ist.

Die *printshops* boten nicht nur ein Grafikspektrum, das neueste Mode und Klatsch über Celebrities aus Gesellschaft und Politik sowie über die Royals abdeckte, sondern waren auch Treffpunkt und Bühne der feinen Gesellschaft. Über die Schaufenster erreichten die Grafikhändler auch das breite Publikum, das sich den Eintritt in die Ausstellungen oder den Erwerb der Blätter nicht leisten konnte.

Szenen aus dem städtischen Milieu im Schnittpunkt von Politik, Journalismus, Theater und Kunst geben Einblick in die Entstehung, Inspirationen, Informationsquellen und Austauschorte des neuen Bildmediums Karikatur, das in der Zeit der hannoverschen Könige von einem aristokratischen Amateurvergnügen zu einem eigenständigen politischen Instrument und Wirtschaftsfaktor aufstieg und sein »goldenes Zeitalter« mit dem Dreigestirn Gillray, Rowlandson und Cruikshank erlebte.

Die Szene stellte sich im 18. Jahrhundert im Grundsatz nicht viel anders dar als im 20. Jahrhundert. John Hamilton Mortimers *Oyster Party* von 1776 (Kat. Nr. 1*)* bezieht sich auf eine Feier in einem Lokal der City, bei der neben dem Schriftsteller Laurence Sterne, dem Karikaturexperten Francis Grose, weiteren Theaterleuten und Künstlern auch der Maler selbst anwesend war. Fast 230 Jahre später trifft in Martin Rowsons *The Cartoonist's Calendar No. 161* (Kat. Nr. 4) eine ähnliche Gesellschaft von Karikaturisten, Politikern und Presseleuten feiernd und feixend aufeinander, im Gay Hussar in Soho, wo die Redaktion des *Guardian* in den 1970er-Jahren ihre Haltung zu kommenden Parlamentswahlen abstimmte und der *Daily Mirror* Betriebsfeste feierte.

Eine boshaft-bissige Hommage sowohl an die Karikatur als auch an die über dreihundertjährige antiautoritäre Tradition, die in der Kunstgeschichte ohne Beispiel ist, liefert Steve Bell in seiner Zeichnung *PHM hungdrawn* (Kat. Nr. 6). Er schlägt den Bogen von Hogarth' Karikatur des Londoner Freiheitsidols John Wilkes, der für seine Überzeugung ins Gefängnis ging, über seine großen Vorgänger des 18. und 19. Jahrhunderts, Gillray, Newton und Cruikshank, bis ins 20. Jahrhundert zu Peter Fluck, Macher von *Spitting Image,* und zu sich selbst – und entwirft so gewissermaßen das Bühnenbild für *Königliches Theater! Britische Karikaturen aus der Zeit der Personalunion und der Gegenwart.*

1

John Hamilton Mortimer (1740–1779)

***A Caricature Group
(The Oyster Party)*, um 1776**

Eine Versammlung von Karikaturen
(Das Austern-Essen)

Öl auf Leinwand · 83,9 × 168 cm
Yale Center for British Art,
Paul Mellon Collection

Angeregt von William Hogarth, Joshua Reynolds und Thomas Patch überträgt Mortimer die bei britischen Italientouristen beliebte Porträtkarikatur auf die Londoner Kunstwelt. Identifiziert werden konnten der Künstler selbst (ganz links), ihm zugewandt sein Zeichenlehrer, der italienische Maler Giovanni Battista Cipriani, mit erhobenem Glas der Komponist Thomas Arne, rechts neben Arne der Antiquar, Zeichner und Lexikograph Francis Grose, dessen Werk *Rules for Drawing Caricaturas: With an Essay on Comic Painting* 1788 erschien, sowie der irische Romancier Laurence Sterne mit aufgerissener Hemdbrust.

Lokale wie Munday's Coffee House, Maiden Lane oder die Feathers Tavern in Leicester Fields waren Treffpunkte informeller Künstlerclubs, in denen sich nicht nur die literarische Öffentlichkeit zur politischen weitete, sondern die auch eine wichtige Informations- und Inspirationsquelle des neuen Mediums Karikatur bildete. So soll Mortimer im Turk's Head in der Gerrard Street Ungeheuer, Köpfe, Karikaturen und Grotesken an den Rand der Zeitschrift *St. James's Chronicle* gezeichnet haben.

2

Richard Newton (1777–1798)

Self-portrait aged 20, 1797

Selbstporträt als Zwanzigjähriger

Tusche/Feder und Pinsel, Bleistift, Aquarell
25,9 × 21 cm
Sammlung Monica & Ronald Searle
in der Rudolf-Ensmann-Sammlung im
Museum Wilhelm Busch – Deutsches
Museum für Karikatur und Zeichenkunst

Richard Newton hat bis zu seinem frühen Tod im Alter von 21 Jahren rund 200 Karikaturen veröffentlicht. In seiner Schaffenszeit arbeitete er vorwiegend für den Verleger William Holland. In seinem Selbstporträt gibt sich der junge Newton in blauem Frack mit Goldknöpfen und hochschließendem Halstuch als selbstbewusster Produzent. Er definiert sich über eine Karikatur, die er hochhält, während er mit der Radiernadel in der anderen Hand auf einen Stapel weiterer Blätter deutet, als wolle er sagen, dass da noch mehr Zeichnungen dieser Art seien.

Newtons Referenzblatt ist das am 3. April 1797 veröffentlichte *Mr. Follet als Clown in der Pantomime Harlekin und Oberon:* König Georg III. blickt mit einem Fernrohr aus seiner Theaterloge begeistert auf das dargebotene Schauspiel, das er selbst zu spielen befohlen hat – wie der Theaterzettel, auf dem seine Hand liegt, beweist. Der Clown begegnet dem König mit weit gespreizten Beinen, wobei eines auf einem Korb voller Karotten liegt, auf unerhörte Weise: Eine der Karotten hat er sich in den Mund gesteckt, sodass sie in einer Linie mit dem königlichen Fernrohr einer herausgestreckten Zunge ähnelt. Der Clown spielt zwar gemäß dem Befehl des Königs, aber als Nachkomme des Hofnarrens mit einem Überschuss an Antiautorität.

3

Nathaniel Dance (1735–1811)

Francis Grose ESQR. F.A.S.
1797

J. Sewell, London, 1. Juni 1797
Radierung, koloriert · 20,7 × 12,3 cm
Wilhelm Busch – Deutsches Museum
für Karikatur und Zeichenkunst

Der Zeichner, Karikaturist, Antiquar und Lexikograph Francis Grose bezeichnete sich in dem satirischen Essay-Band *The Grumble* von 1791 als zu dick, um ein Pferd zu reiten, und als zu arm, um sich eine Kutsche zu halten.

Das Selbstporträt Groses, gestochen von Nathaniel Dance, diente als Frontispiz seiner von William Hogarth und Mary Darly angeregten *Rules for Drawing Caricaturas* von 1788. Über das Selbstporträt konnte Grose außerdem in Mortimers Gemälde *A Caricature Group* (Kat. Nr. 1) identifiziert werden. Groses Sicht der Karikatur findet sich zu Beginn seiner *Rules:* »Die Kunst, Caricaturas zu zeichnen, wird allgemein als gefährliche Errungenschaft angesehen, die dazu führt, dass ihr Besitzer eher gefürchtet denn geschätzt wird. Es ist aber sicherlich eine unfaire Art der Betrachtung, die Möglichkeit des Mißbrauchs, der jede Kunst unterliegt, als Argument gegen die Kunst selbst anzuführen.«

4

Martin Rowson (*1959)

The Cartoonist's Calendar
No. 161: All Things Must Pass
2005

Das Kalendarium des Karikaturisten
Nr. 161: Alles hat ein Ende

The Times, 2. Juli 2005
Tusche, Tippex · 20,5 × 28 cm
Besitz des Künstlers

Das für seine Mischung aus politischem Klatsch und gutem Gulasch bekannte ungarische Restaurant Gay Hussar in der Greek Street in Soho, in dem Prominente aus Politik, Journalismus und Showbusiness schon seit den 1950er-Jahren verkehren, war über lange Jahre der Treffpunkt der Labour-Linken. Es steht ganz in der Tradition politischer Lokale aus dem 18. Jahrhundert wie dem Turk's Head in der Gerrard Street oder der Feathers Tavern in Leicester Fields.

Martin Rowson zeichnete für das Restaurant bis ins Jahr 2004 hinein 60 Karikaturen, die wie in einer Galerie hängend im Hintergrund rechts zu sehen sind. Links oben ist in der knurrenden Gestalt eines bärtigen Riesen Rowsons langjähriger

Freund und Kollege Steve Bell dargestellt; in der Mitte schwebt der Geist des *Guardian*-Journalisten Simon Hoggart; rechts unten sitzt der greise Vordenker der Labour-Linken, Michael Foot.

Aus den Kommentaren wird die Bedeutung dieser informellen Nachrichtenbörse für die Entstehung von Karikaturen und Satiren deutlich: »Ist dies hier die Trafalgar Freizeit?«, »Oh nein! Viel gefährlicher!«, »Hic«, »Scandalatum Magnatum!«, »Potentiell verleumderisches Material« …

5

Gerald Scarfe (*1936)

Self Portrait, 2005

Tusche/Feder, Aquarell · 83 × 60 cm
Gerald Scarfe

Gerald Scarfes Paraphrase von Francisco de Goyas berühmter Radierung _Der Schlaf der Vernunft gebiert Ungeheuer_ von 1799 zieht die Summe eines politischen Künstlerlebens, in dem sich Scarfe mit dem Personal seiner Karikaturen umgibt.

Trotz ihrer bizarren Erscheinung sind identifizierbar: Die ehemaligen US-Präsidenten George W. Bush als Affe auf Scarfes Schulter, Bill Clinton als Pinocchio und »Dirty Dick« Richard Nixon. Die britischen Premierminister Harold Macmillan und Harold Wilson als Prostituierte, gefolgt von John Major als Baseball-Spieler, Margaret Thatcher in

Form eines Drachens sowie zum Schluss Tony Blair mit der Kugel des Irakkriegs am Bein. Prinz Charles als Sellerie-Sprössling und die Queen als britische Löwin vertreten die Royals. Dazwischen finden sich in einer bunten Mischung Celebrities wie Mick Jagger, Michael Jackson oder Madonna.

6

Steve Bell (*1951)

PHM hungdrawn, 2000

Im People's History Museum aufgespießt
Tusche/Feder, laviert, Aquarell
40,5 × 30,5 cm
Courtesy of the People's History Museum

In einer karikaturistischen Tour de Force schlägt
Steve Bell den Bogen von der georgianischen
Karikatur des 18. bis zur eigenen des 20. Jahrhunderts und stellt sich gleichzeitig in die freiheitlich-
antiautoritäre Tradition der englischen Radikalen
um 1800.
Von Hogarth' Porträt des John Wilkes mit der Frei-
heitsmütze aus dem Jahr 1763 (Kat. Nr. 99), als
einziges nicht von einer Zeichenfeder aufgespießt,
führt er die Linie über George Cruikshanks Darstellung des Peterloo-Massakers in Manchester
am 16. August 1819 und Peter Flucks Zeichnung
Margaret Thatchers als Marinebefehlshaberin im
Falklandkrieg aus der Satire-Sendung *Spitting
Image* bis hin zu dem an seiner obligatorischen
Unterhose aufgehängten John Major fort.

Zur Geschichte der Personalunion – Zerrbilder des Royalen

Mit ihrer Ankunft in London zu Beginn des 18. Jahrhunderts mussten sich die Kurfürsten aus dem provinziellen Hannover gänzlich anderen Verhältnissen stellen. Im Gegensatz zum Absolutismus und dessen Inszenierung der Macht auf dem Kontinent standen sie in der Metropole London im Rampenlicht einer sie ständig beobachtenden, kommentar- und kritikbereiten Öffentlichkeit. Dem Theater königlicher Machtinszenierung wurden bald die Zerrbilder des Royalen entgegengehalten.

William Hogarth kritisierte in *Royalty, Episcopacy and the Law* (Abb. S. 11) das Königtum bereits gegen Ende der Regentschaft Georgs I. Die Hannoveraner waren nach den Revolutionen des 17. Jahrhunderts Monarchen aus religiöser und politischer Übereinkunft, auf Parlamentsbeschluss, aber nicht mehr von Gottes Gnaden.

Stärker noch als sein Vater geriet Georg II. in das Visier der Karikatur. Der Stich *A Present to Hanover for the Year 1750* (Kat. Nr. 13), in dem die Figur Georgs II. die kurfürstliche Krone des kleinsten seiner Territorien als die wichtigste ansieht, verdeutlicht die Differenz und Diskrepanz zwischen Zentrum und Peripherie, zwischen dem Mittelpunkt des maritimen Empires und der provinziell-kontinentalen Randlage. Ironischerweise kommt diese karikaturistische Definition einer historischen Definition der Personalunion am nächsten, denn »Personalunionen beruhen darauf, dass zwei (oder mehrere) politisch verfasste Gemeinwesen als selbstständige Größen nebeneinander fortbestehen, zugleich aber durch die Person des gemeinsamen Herrschers in enge Beziehung treten und darin mehr oder weniger lang festgehalten werden.«[1] Dem fremden König, der sich noch bis zur endgültigen Niederlage der Jakobiten 1746 konkurrierenden dynastischen Ansprüchen der Stuarts auf den Thron ausgesetzt sah, wurde vorgeworfen, diese Beziehung einseitig zu gestalten: Er benachteilige Britannien gegenüber seinem deutschen Stammland.

In die Zeit der Prinzregentschaft des Prince of Wales, des späteren Georgs IV., fiel die Endphase der napoleonischen Kriege, die Befreiung Hannovers von der französischen Besatzung und die Rückkehr des Prinzen Adolph Friedrich 1813 nach Hannover; Johann Heinrich Ramberg entwarf dafür eine allegorische Mischgestalt aus Britannia und dem Sonnensymbol des Prinzen (Kat. Nr. 17). Auch noch in den 1820er-Jahren beschwor Ramberg die Einheit der Personalunion, die mit dem Verlust der amerikanischen Kolonien sowie der Französischen und Industriellen Revolution entscheidende Umbrüche erlebte.

Die geläufigste karikaturistische Repräsentation der Personalunion ist indes die Symbolisierung durch das weiße Welfenross, das für den König als dessen Zentralfigur steht. Das Ross reitet den britischen Löwen (Kat. Nr. 9) oder erscheint auf dem Union Jack wie in James Gillrays Parodie von Benjamin Wests Gemälde *The Death of General Wolfe* von 1795 (Kat. Nr. 22).

Wilhelm IV., der *Sailor King*, war der letzte der britischen Könige aus dem Haus Hannover. Die konservative Karikatur machte ihn wegen seiner angeblichen Liberalität zu einem König mit Narrenkrone: unter seine Herrschaft fällt die Parlamentsreform von 1832. Aufgrund fehlender Nachkommen wurde seine Nichte Victoria britische Königin. Wilhelms Bruder Ernst August wurde wegen des abweichenden hannoverschen Erbrechts König in Hannover. Mit ihm schließlich reduzierte sich die karikaturistische Statur des Königs auf die Größe eines Däumlings: Der erschreckte König von Hannover versucht nach Ende der Personalunion das Gespenst der liberalen Verfassung mit dem Kopfkissen zu vertreiben, die sein Bruder Wilhelm IV. dem Königreich für kurze Zeit gewährt hatte (Kat. Nr. 18).

1 Rex Rexhäuser (Hg.), Die Personalunionen von Sachsen-Polen 1697 – 1763 und Hannover-England 1714 – 1837. Ein Vergleich, Wiesbaden 2005, S. 4.

THE FESTIVAL OF THE GOLDEN RUMP.
Rumpatur, *quisquis* Rumpitur *invidiâ*.

UNA EURUSQ;
NOTUSQ; RUUNT
CREBERQ; PROCELLIS
AFRICUS.

Designed by the Author of Common Sense.   *Publish'd according to Act of Parliament 1737.*   *Price 1ˢ.*

7

Anonym

***The Festival of the
Golden Rump**, 1737*

Das Fest des goldenen Gesäßes

Radierung · 20,8 × 26,8 cm
The British Museum, London
BM 2327

Das Blatt geht auf eine in der Oppositionszeit-
schrift *Commonsense, or the Englishman's Journal*
am 19. März 1737 beschriebene Farce zurück.
König Georg II. schlägt in Gestalt des nackten Sa-
tyrs auf einem Altar nach seinem mächtigen Premierminister Robert Walpole aus, der mit seinem
Zauberermantel einem Zeremonienmeister gleicht.
Georgs ungehobeltes Benehmen wird noch durch
einen heftigen Furz verdeutlicht, während seine
Frau Caroline ihm einen Einlauf aus trinkbarem
Gold verabreicht.
Gleich einem Historiengemälde komponiert, ist
das Blatt auch eine Persiflage auf die biblische
»Anbetung des Goldenen Kalbs«. Der üppige Büh-
nenvorhang, bestickt mit goldenen Gesäßen, verstärkt noch den Aspekt einer Theaterszene.

Dass es tatsächlich ein Theaterstück namens *The
Golden Rump* gegeben hat, ist nicht bewiesen. Es
könnte sogar sein, dass die im März 1737 im
Gentleman's Magazine annoncierte Radierung von
Robert Walpole selbst in Auftrag gegeben wurde,
um ein Gesetz zur Theaterzensur im selben Jahr
durchs Parlament zu bringen.

8

Joseph Goupy (1689–1769)

***Sir Robert Walpole
addressing the Cabinet***
um 1740

Sir Robert Walpoles Rede vor dem Kabinett

Tusche/Feder, Deckfarben · 36,4 × 28,6 cm
The British Museum, London

Sir Robert Walpole, der sich an sein Kabinett wendet, nimmt dieselbe Stellung wie in *The Festival of the Golden Rump* (Kat. Nr. 7) ein: die Linke in einer Geste der Ablehnung erhoben, dort gegen den König, hier gegen das hannoversche Ross im Hintergrund beziehungsweise gegen sein Kabinett. Links und rechts neben dem Ross, dem Verweis auf den königlichen Souverän, finden sich weitere politische Machtfaktoren, mit denen Walpole regiert: das Herrschaftswissen in Form eines Bücherbords und das königliche Militär repräsentiert durch einen stehenden Musketier.

Goupys Satire markiert den Einbruch der Karikatur in die bis dahin geheime Kabinettspolitik.

The H–v–n Confectioner General.

9

Anonym

The H-v-n Confectioner General, um 1743

Der hannoversche Zuckerbäcker-General

Radierung · 22 × 32 cm
The British Museum, London
BM 2584

Bei der Schlacht von Dettingen am 27. Juni 1743 während des Österreichischen Erbfolgekriegs führte Georg II. als letzter britischer König persönlich ein Heer ins Gefecht. Es heißt, Georg habe unter einer Eiche Schutz gesucht, nachdem er im Kampf vom Pferd gefallen sei. Hier reitet er als hannoversches Pferd den laut einer Sprechblase nur unzureichend gefütterten britischen Löwen. Während der britische Kommandeur Lord Stair seine Kavallerie mit gezogenem Säbel zur entscheidenden Verfolgungsjagd auffordert, behält der hannoversche General Otto Christian Itten — der kurfürstliche Zuckerbäcker — seine Truppen sicher im Hintergrund.

Mit der Darstellung Georgs II. als Drückeberger wird die Legitimation der deutschen Dynastie auf dem britischen Thron in Frage gestellt und auf das Image Georgs II. als protestantischer Soldatenkönig in der Tradition des »Soldaten Gottes« angespielt. Die Hannoveraner waren schließlich nur ihres Glaubens wegen auf den britischen Thron gelangt.

THE COURT FRIGHT.

10

Anonym

The Court Fright

um 1744

Der Hof-Schrecken

Radierung · 16,5 × 30,9 cm
The British Museum, London
BM 2606

Im Zuge des Österreichischen Erbfolgekriegs plante Frankreich im Frühjahr 1744 eine Invasion Englands, die nur deshalb nicht planmäßig stattfinden konnte, weil die französische Flotte auf ihrem Rückzug vor der englischen Kanalflotte durch einen Sturm zerstört worden war.

Georg II. war auf einen direkten französischen Angriff nur unzureichend vorbereitet: Während die französische Flotte bereits brennt, wird in der Radierung Georg II. zur Ader gelassen. Auch Britannia siecht zu seinen Füßen dahin, während seine Minister von einer geplanten französischen Invasion nichts wissen.

Die Tiere im Vordergrund symbolisieren aus britischer Sicht die Protagonisten auf der europäischen Landkarte: Der französische Kardinal und Staatsminister Ludwigs XV., Pierre Guérin de Tencin, versucht in der Figur eines Fuchses auf den um sich tretenden britischen Löwen aufzusteigen. Ein französischer sowie ein englischer Hund kämpfen miteinander, und der Löwe der Vereinigten Niederlande reitet auf dem dänischen, domestizierten Schwein, da die Engländer eine 6000 Mann starke holländische Truppenunterstützung angefordert haben. Das hannoversche Pferd schließlich galoppiert mit einer über den Rücken hängenden Landkarte Englands auf der Suche nach einem geeigneten Reiter auf und davon.

11

Anonym

Georg II., 1. Hälfte
18. Jahrhundert

Öl auf Leinwand · 190 × 117,5 cm
Bomann-Museum Celle / Stadt Celle

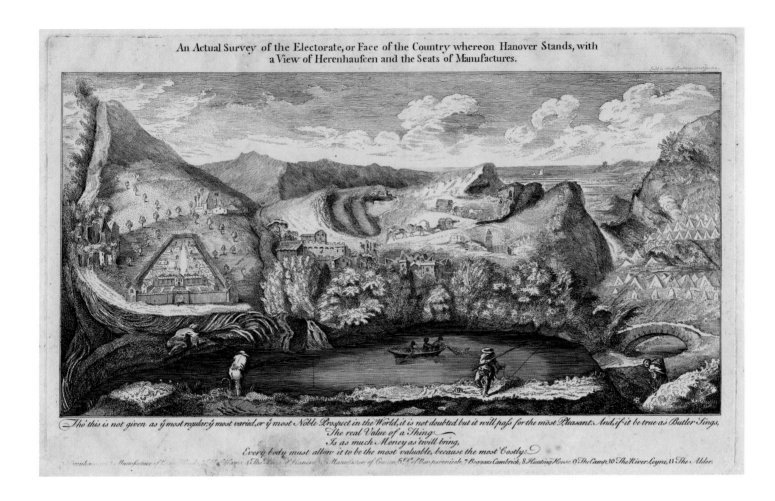

An Actual Survey of the Electorate, or Face of the Country whereon Hanover Stands, with a View of Herenhaufen and the Seats of Manufactures.

12

Anonym

***An Actual Survey of
the Electorate, or Face of the
Country whereon Hanover
Stands, with a View of
Herenhausen and the Seats
of Manufactures,*** um 1743

Getreue Übersicht des Kurfürstentums,
oder Gesicht des Landes, in dem Hannover
liegt, mit einer Ansicht Herrenhausens und
der Lage der Manufakturen

Radierung · 19,9 × 32,7 cm
The British Museum, London
BM 2587

Das Blatt identifiziert den englischen König
Georg II. mit seinem Kurfürstentum Hannover,
indem es die Landschaft um Hannover in Form
seines Kopfprofils zeigt. Georg II. trägt einen
Schnurrbart im Stil eines typischen deutschen
Soldaten des 18. Jahrhunderts. Ihm wurde oft von
englischer Seite vorgeworfen, dass er sich zu
stark für seine hannoverschen Belange interes-
siere.

Erläuterung zu den Ziffern in der Radierung: 1. Herrenhausen; 2. Manufaktur zur Verarbeitung von
Schweineköpfen (eine Ruine); 3. Manufaktur zur
Schinken-Herstellung; 4. Die Stadt Hannover;
5. Leinenmanufaktur; 6. Bonporenicole (eine Anspielung auf die mangelhafte Versorgung der britischen Truppen auf hannoverschem Boden – vgl.
Kat. Nr. 9); 7. Das Dorf Bettler-Batist; 8. Jagd-
haus; 9. Armeelager; 10. Die Leine; 11. Der See
Alder.

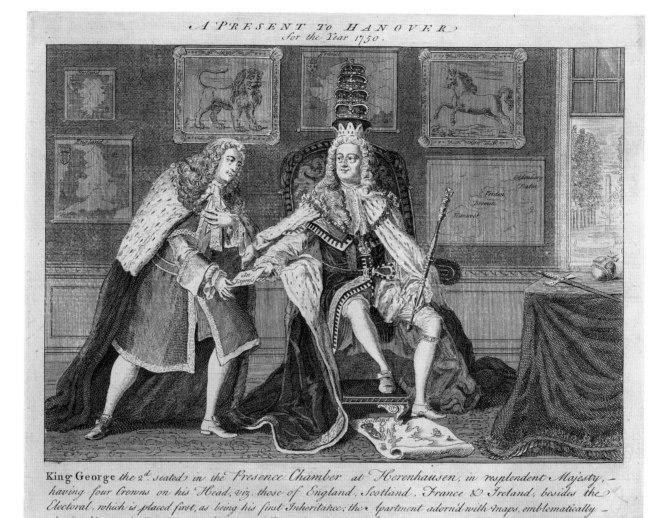

13

Anonym

**A Present to Hanover
for the Year 1750**, 1750

Geschenk an Hannover zum Jahr 1750

John Ryall, London
Radierung · 27,3 × 32,5 cm
The British Museum, London
BM 3086

Ähnlich wie in Kat. Nr. 12 wird auch hier Georg II. seine angeblich geringschätzige Behandlung seiner britischen Lande im Vergleich zum Kurfürstentum Hannover vorgeworfen. Er thront in seinem Audienzsaal in Herrenhausen mit fünf Kronen auf dem Haupt: der englischen, schottischen, französischen, irischen und der kurfürstlichen. Letztere ist als vornehmstes Erbe zuerst platziert. Landkarten zeigen Georgs ausgedehnte Herrschaftsgebiete und Titel.

Georgs Fußhaltung spielt wie in Kat. Nr. 7 auf seine Angewohnheit an, mit dem Fuß nach Bediensteten zu treten. Gleichzeitig scheint er im nächsten Moment auf eine Karte von Schottland steigen zu wollen. Die Zurücksetzung seines britischen Reiches wird zudem durch die erstaunt-erschreckte Miene des britischen Löwen auf dem Bild an der Wand verdeutlicht.

14

William Blake (1757–1827)

Papal Superstition, 1794

Päpstlicher Aberglaube

William Blake: *Europe:*
a Prophecy, London 1794, Tafel 13
Radierung · 23,3 × 16,9 cm
The British Museum, London

Die päpstliche Gestalt auf dem Thron ist sehr
wahrscheinlich König Georg III. Die Tiara auf seinem Kopf symbolisiert den Anspruch des Papstes
auf die Oberherrschaft über die weltlichen und
nichtirdischen Territorien. Der Druck steht in Zusammenhang mit der Kritik Thomas Paines, Intellektueller und Mitbegründer der Vereinigten Staaten von Amerika, an der englischen Monarchie als
»Papismus der Regierung«.

Die Ineinssetzung von Papst und englischem
König stellt deshalb eine besondere Spitze gegen
die englischen Royals dar, weil die britischen Herrscher bis zum heutigen Tag aufgrund des *Act of*
Settlement von 1703 zu Verteidigern des (prostes-
tantischen) Glaubens bestellt werden, während
die Anhänger des katholischen Glaubens von der
Thronfolge ausgeschlossen sind.

15

James Gillray (1757 – 1815)

An Angel, gliding on a Sun-beam into Paradice
1791

Ein Engel gleitet auf einem
Sonnenstrahl ins Paradies

Hannah Humphrey, London, 11. Oktober 1791
Radierung, koloriert · 27,4 × 21,2 cm
Wilhelm Busch – Deutsches Museum
für Karikatur und Zeichenkunst
BM 7906

Juliane Schwellenberg, Hofdame Königin Sophie
Charlottes, der Ehefrau Georgs III., trug offiziell den
Titel *Keeper of the Robes to the Queen*. Sie wurde
verdächtigt, »Geld und die Geschenke, die jene
[Sophie Charlotte] in England erhielt«, ins Kurfürs-
tentum zu verbringen.
Noch in den 1790er-Jahren interpretierte James
Gillray die Personalunion zu Ungunsten Englands:
Juliane Schwellenberg, der Engel, fällt schwer be-
laden mit Geldsäcken in das von den königlichen
Sonnenstrahlen erhellte Paradies Hannover, wäh-
rend die Küste Englands im Schatten bleibt.

16

Isaac Cruikshank (1764 – 1811)

Half Seas Over. alias
The Hopes of the Family
1794

Angesäuselt. Bekannt als die Hoffnung
der Familie

Samuel William Fores, London, 7. März 1794
Radierung, koloriert · 38,4 × 26 cm
The British Museum, London
BM 8433

Der später skandalumwitterte Friedrich August,
Herzog von York, Bischof von Osnabrück und
zweiter Sohn Georgs III., steht — halb als Bischof,
halb als Offizier gekleidet — mit seinem linken Fuß
in Hannover, mit dem rechten in England. Wüst
beschimpft er eine Bande blutdürstiger Sansculot-
ten-Schufte, die der Trunkenheit, Spielsucht und
allen Arten von Ausschweifungen verfallen seien:
Er werde sie vom Antlitz der Erde tilgen, weil sie
ohne den geringsten Funken Religion lebten.
Der Herzog von York war seit 1793 Oberkomman-
dierender der britisch-hannoverschen Armee in
den Niederlanden. In England sagte man ihm einen
ausschweifenden Lebenswandel nach.
Cruikshanks gespaltene Überfigur ist neben der
Union der Kronen in Kat. Nr. 13 eine der einpräg-
samsten Darstellungen der Personalunion in der
Karikatur.

Brittania in Begleitung des Wohlstandes, bringt uns
unsern geliebten Herzog wieder. Sie pflanzt den
mit Lorbeer umkränzten Trident auf das
Continent. Die im Bote befindlichen
Brittischen Matrosen fingen ihr Rule Brittan
nia- und das Schif worauf sie gekommen
heist die Eintracht.

SCHUTZ U. WOHLSTAND SIND SEINE BEGLEITER

17

Johann Heinrich Ramberg (1763–1840)

***Schutz u. Wohlstand sind
seine Begleiter**, 1813*

Tusche/Feder, laviert, Aquarell, Bleistift
25,4 × 29,7 cm
The British Museum, London

Das Blatt ist ein Entwurf für ein Transparent zur
Feier der Wiedererlangung der Freiheit Hannovers
im Jahr 1813 und der Rückkehr des Prinzen Adolph
Friedrich, Herzog von Cambridge.
Rambergs Zeichnung zeigt seine offiziöse Sicht
auf die Personalunion in Gestalt der schildbewehr-
ten Britannia. Die weibliche Personifikation in Vereinigung mit dem Sonnensymbol für den königlichen Prinzen im Zentrum der Komposition gleicht
einem Lichtbringer und repräsentiert die erneu-
erte Einheit der königlichen Territorien in der
nachnapoleonischen Ära.

AWFUL SCENE FROM TOM THUMB.

as lately acted at Hanover.

18

John Doyle (1797–1868)

Awful Scene From Tom Thumb. as lately acted at Hanover, 1837

Schreckliche Szene aus dem Däumling, wie sie kürzlich in Hannover aufgeführt wurde

Thomas McLean, London, 21. August 1837
Lithografie · 28,4 × 37,9 cm
The British Museum, London

Nach dem Tod König Wilhelms IV. endete die Personalunion, da in Hannover eine weibliche Erbfolge ausgeschlossen war und somit der englischen Königin Victoria der hannoversche Thron versagt blieb. Ernst August, Herzog von Cumberland und Sohn Georgs III., wurde König von Hannover. In Doyles Druck erscheint Ernst August der Geist der liberalen Verfassung – dem Staatsgrundgesetz –, die dem Königreich Hannover 1833 von Wilhelm IV. gewährt worden war. Ernst August annullierte diese Verfassung bei Regierungsantritt und herrschte im Sinne der alten Verfassung von 1819 nach absolutistischen Maßstäben.

19

Richard Newton (1777 – 1798)

The Windsor Milkman or anything to turn a Penny, 1792

Der Milchmann aus Windsor – oder
was man nicht alles tut, um Geld zu sparen

William Holland, London, 12. Juni 1792
Tusche/Feder, Aquarell · 37 × 24 cm
Sammlung Monica & Ronald Searle im
Museum Wilhelm Busch – Deutsches
Museum für Karikatur und Zeichenkunst

Georg III. war wie seine Ehefrau Charlotte aus dem
Haus Mecklenburg-Strelitz sparsam und geizig.
Daneben liebten beide das einfache Landleben,
das Georg den Spitznamen »Farmer George« ein-
brachte und die Karikaturisten seiner Zeit zu zahlreichen Karikaturen animierte.

Die Royals
Das monarchische System

Der König stand nicht nur symbolisch als politische Person und Repräsentant der Nation auf der Bühne, sondern ging auch selbst ins Theater (Kat. Nrn. 2 und 23). Das war nicht ohne Konsequenz, denn sowohl Theaterleute als auch Karikaturisten bezogen ihn in ihr Spiel ein.

Im Gegensatz zu repräsentativen Bildnissen und Skulpturen macht die Karikatur mit ihrem journalistischen Bezug zum politisch-gesellschaftlichen Tagesgeschehen und ihrem Drang zum komprimierenden Schlagbild die Differenzierungen im Bild der konstitutionellen Monarchie kenntlich. Sie lässt Georg II. als gescheiterten Helden auftreten: Man zeigte ihn als Verräter englischer Interessen (Kat. Nr. 9) oder als furzenden Satyr (Kat. Nr. 7).

Ganz anders entwickelte sich das Image seines Nachfolgers und Enkels, Georgs III., der 1760 als Zweiundzwanzigjähriger den Thron bestieg und sich seiner *britishness* rühmte. Der junge Georg III., anfänglich hoffnungsvoller *patriot king*, erscheint als Verfassungsfeind, der die *Balance of Power* der parlamentarischen Kräfte aufheben und zum Absolutismus zurückkehren will, wie Thomas Rowlandson in *A Peep into Friar Bacon's Studio* von 1784 (Abb. S. 15) festhält. Georg war der »Buhmann« der radikalen Opposition, bevor ihm ein Imagewandel vor dem Hintergrund des Krieges gegen Frankreich gelang. Aufgrund seines einfachen, sparsamen und christlichen Lebenswandels wird er als »Farmer George« und *Windsor Milkman* (Kat. Nr. 19) zum vorbildlichen Ehemann und Vorstand einer ein quasi-bürgerliches Leben führenden Familie. Im Kampf mit dem revolutionären Frankreich fungiert er als nationale Identifikations- und Gegenfigur zu Napoleon (Kat. Nr. 21).

Das Gegenstück zum Vater bildete Georg IV. bereits als Thronprinz. Er gab den Lebemann, verdiente sich den Spitznamen »Old Naughty« und wurde als fetter *Prince of Whales* verspottet (Kat. Nr. 26). In seiner langen Wartezeit auf die Krone, die lediglich von Prinz Charles übertroffen wird, wurde er mit einem theatralischen Grundproblem jeder Prinzregentschaft konfrontiert: der Findung seiner Rolle. Zahllose Affären und die Schlammschlacht, die er sich mit seiner deutschen Gattin Caroline lieferte, sind Legende.

Das Modell der tugendhaften königlichen Familie, wie es Georg III. und seine Ehefrau entworfen hatten, wird im 20. Jahrhundert am nachdrücklichsten von Königin Elisabeth II. vertreten. Anfänglich folgten die Karikaturisten in ihrer Darstellung noch einer zurückhaltenden Linie. Die Königin wurde lediglich als Rückenfigur gezeigt. Aber bereits in den 1960er-Jahren schwand diese Zurückhaltung.

Das Hochglanzbild der britischen Modellfamilie bekommt während Elisabeths langer Regentschaft immer wieder schwere Blessuren, vor allem durch innerfamiliäre Zwistigkeiten. Letztlich gelingt es Elisabeth jedoch immer wieder, die Reputation des Königshauses in der Öffentlichkeit gegen alle Widrigkeiten zu verteidigen. Das bringt ihr auch die Anerkennung royaler Neigungen unverdächtiger Zeichner ein: Gerald Scarfe verlieh ihr Wahrzeichencharakter und machte sie zur goldenen britischen Löwin (Kat. Nr. 33); Martin Rowson zeichnete sie als alte Punkerin, die alle Attacken überlebt hat (Abb. S. 25).

Elisabeths lange Regentschaft bedeutet für Prinz Charles, dem deutschen Motto »Ich Dien« des Prince of Wales besonders lange unterworfen zu sein. Wie die Monarchie selbst, die 1995 eigens einen Thinktank aus höheren Mitgliedern der königlichen Familie und Privatsekretären bildete, um über die Rolle der Royals im nächsten Jahrtausend zu reflektieren, denken die Karikaturisten über den Tag hinaus: Die Vision einer britischen Königin Camilla zeichnet sich immer konkreter werdend ab (Kat. Nr. 35).

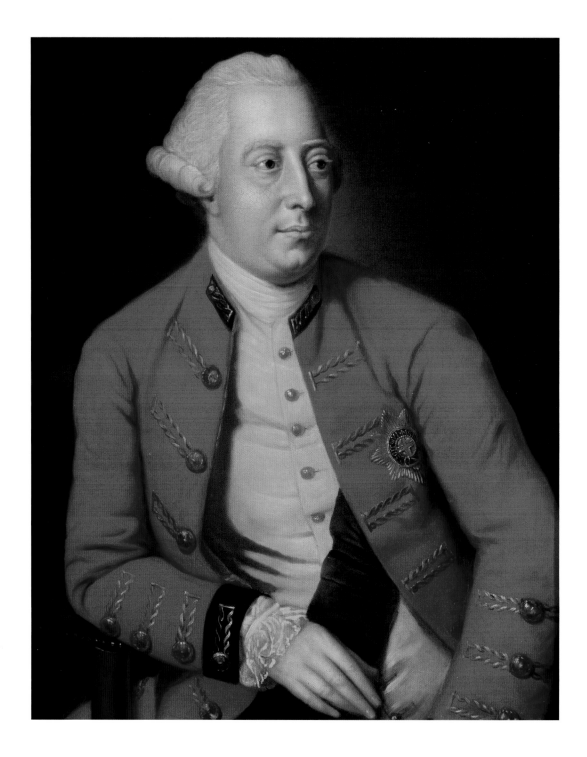

20

Anonym

Georg III.
2. Hälfte 18. Jahrhundert

Öl auf Leinwand · 79,2 × 64,5 cm
Bomann-Museum Celle / Stadt Celle

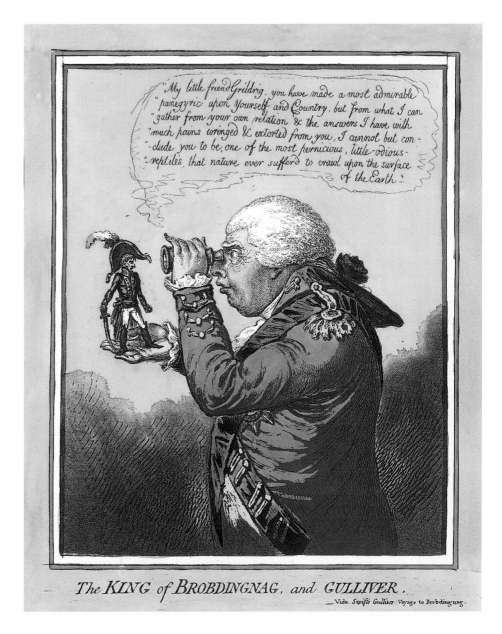

The KING of BROBDINGNAG, and GULLIVER.

_ Vide. Swift's Gulliver: Voyage to Brobdingnag.

"My little friend Grildrig, you have made a most admirable "panegyric upon Yourself and Country, but from what I can "gather from your own relation & the answers I have with "much pains wringed & extorted from you, I cannot but con- "-clude you to be, one of the most pernicious, little-odious- "reptiles, that nature ever suffered to crawl upon the surface of the Earth".

21

James Gillray (1757–1815)

The King of Brobdingnag, and Gulliver, 1803

Der König von Brobdingnag und Gulliver

Hannah Humphrey, London, 26. Juni 1803
Radierung, koloriert · 35,5 × 25,5 cm
Wilhelm Busch – Deutsches Museum für
Karikatur und Zeichenkunst. Dauerleihgabe
der STIFTUNG NIEDERSACHSEN
BM 10019

In einer der erfolgreichsten Napoleonkarikaturen von James Gillray ist der französische Konsul so klein, dass er in der Hand des englischen Königs Georg III. Platz findet, dieser sogar noch ein Monokular braucht, um ihn sich genau anschauen zu können. Die Georg III. in den Mund gelegten Worte sind eine nur leicht veränderte, jedoch mit einer längeren Auslassung zitierte Passage aus der Reise nach Brobdingnag aus Jonathan Swifts *Gullivers Reisen*, die Gillray so ganz vortrefflich auf Napoleon anwenden kann: »Mein kleiner Freund Gildrig, Sie haben sich und Ihrem Land eine bewundernswerte Lobrede gehalten; [...] aber was ich aus Ihrer Erzählung schließen muss, und nach den Antworten, die ich Ihnen mit vieler Mühe er-

presste, kann ich nur den Schluss ziehen, dass Sie eines der schädlichsten kleinen, ekelhaften Reptilien sind, dem die Natur jemals erlaubt hat, auf der Oberfläche der Erde herumzukriechen«.
Es wird berichtet, dass Georg III., als ihm die Karikatur vorgelegt wurde, entsetzt ausgerufen haben soll: »Ganz falsch, ganz falsch, niemals eine Uniform mit Beutel!!!« Der Zeichner hatte ihn – in Uniform – mit einer Haarbeutelperücke versehen, anstatt, wie es richtig gewesen wäre, mit einer Zopfperücke. Auf der im Februar 1804 erschienenen Fortsetzung zu diesem Blatt korrigierte Gillray den Fauxpas und zeigte Georg III. korrekt mit Zopfperücke.

The DEATH of the Great WOLF .

_____ "We have overcome all Opposition! _ exclaimed the Messengers, _ "I'm satisfied." _ said the Dying Hero, & Expired in the Moment of Victory .

To Benj.ⁿ West Esq.ʳ President of the Royal Academy, this attempt to Emulate the Beauties of his unequald Picture, of the "Death of Genʳ. Wolfe," is most respectfully submitted, by the Author .

22

James Gillray (1757–1815)

The Death of the Great Wolf
1795

Der Tod des großen Wolf

Hannah Humphrey, London, 17. Dezember 1795
Radierung, koloriert · 33,6 × 43,7 cm
Wilhelm Busch – Deutsches Museum für
Karikatur und Zeichenkunst
BM 8704

Die gefeierte Karikatur parodiert ein berühmtes, seinerzeit kontrovers diskutiertes Historiengemälde Benjamin Wests von 1771, das Gillray wahrscheinlich aus einer viel verkauften Stichreproduktion kannte. Die Szene versammelt zahlreiche Minister und Anhänger der Regierung Pitt, die die heroischen Figuren aus Wests Gemälde ersetzen. Im Zentrum liegt an Stelle des britischen Generals James Wolf Premier William Pitt im Augenblick des Sieges sterbend am Boden. Henry Dundas beugt sich über ihn und bietet ihm einen Pokal mit Portwein an (Pitt war für seine Neigung zum Alkohol bekannt).

Die Karikatur ist vor allem eine Kritik am Erlass der *Treason and Sedition Bills*, der Verrats- und Aufruhr-Gesetze, die am 18. Dezember 1795, einen Tag nach Erscheinen der Karikatur, in Kraft treten sollten und zu heftigen parlamentarischen Auseinandersetzungen führten: Gillray verspottet insbesondere

die Überreaktion der Regierung, indem er im Hintergrund unverhältnismäßig starke Regierungstruppen eine kleine Schar von Sansculotten vom Schlachtfeld fegen lässt. Zugleich spielt Gillray auf den Vorwurf an, Georg III. sei für den Verlust der amerikanischen Kolonien verantwortlich: Er hebt das weiße Ross Hannovers auf der Unionsfahne besonders hervor, das er zudem um die Schriftrolle der Magna Charta, das Emblem englischer Freiheit, ergänzt.

23

James Gillray (1757–1815)

Pacific-Overtures, – or – a Flight from St. Cloud's – »over the Water to Charley.« – a new Dramatic Peace now Rehearsing, 1806

Friedliche Overtüren, oder: Ein Flug von St. Cloud's »übers Wasser zu Charley«. – Ein neues dramatisches Stück wird einstudiert

Hannah Humphrey, London, 5. April 1806
Radierung, koloriert · 29,5 × 38,5 cm
Wilhelm Busch – Deutsches Museum für Karikatur und Zeichenkunst. Dauerleihgabe der STIFTUNG NIEDERSACHSEN
BM 10549

Auf dem Spielplan: Neue Friedensverhandlungen zwischen England und Frankreich. Nach dem Tod von Premierminister Pitt – links hinter Georg III. bereits als Denkmal verewigt – hatte es unter seinem Nachfolger Grenville einen leichten Kurswechsel und die Bereitschaft zu Friedensverhandlungen mit Frankreich gegeben. Gillray bringt in seiner Karikatur die Hauptakteure auf die Bühne: Napoleon fordert von England seine Anerkennung als legitimer Herrscher, die Auflösung der englischen Flotte, sieben Jahre lang jährlich eine Million Pfund und anderes mehr. Georg III. blickt durch ein Opernglas gelassen auf Napoleon: »Amüsante Bedingungen«, findet er, »das mag nach dem Geschmack der Pfefferkuchenkönige sein, aber nicht nach dem unseren« – eine Anspielung auf die von Napoleons Gnaden 1806 neu geschaffenen und entsprechend willfährigen Königreiche Bayern und Württemberg und das Großherzogtum Baden.

Das Paar in der Loge rechts unten sind der Prince of Wales und Maria Fitzherbert, die in einer heimlichen (und ungültigen) Ehe verbunden waren. Offenbar gab es von höchster Stelle eine Anordnung, das Paar aus dem Blatt zu tilgen, und so sind in der späteren zweiten Fassung Lord und Lady Derby zu sehen.

24

James Gillray (1757–1815)

A Voluptuary under the horrors of Digestion, 1792

Ein Genussmensch unter
den Qualen der Verdauung

Hannah Humphrey, London, 2. Juli 1792
Radierung, punktiert, koloriert · 36,4 × 29,4 cm
Rudolf-Ensmann-Sammlung im Museum
Wilhelm Busch – Deutsches Museum für
Karikatur und Zeichenkunst
BM 8112

A VOLUPTUARY under the horrors of Digestion.

Der Prince of Wales, der spätere Georg IV., war im Gegensatz zu seinen Eltern für seine ausschweifende Lebensweise bekannt, was den Karikaturisten eine gute Angriffsfläche bot. Der Prince of Wales ist offensichtlich von seinem üppigen Mahl erschöpft. Weniger offensichtlich sind die Anspielungen im Hintergrund: Den Wandleuchter schmücken die Insignien des Prinzen, drei Federn und der Wahlspruch »Ich dien«. Statt des Wappens ist allerdings ein Essbesteck zu sehen. In den Nachttopf hat sich der Prinz bereits erbrochen, allerlei Arzneien offenbaren seine Unpässlichkeiten. Würfelbecher und Notizen über seine Spielschulden zeugen davon, dass der Prinz über seine Verhältnisse lebte.

Die Radierung ist das Gegenstück zu *Temperance enjoying a Frugal Meal*, das 26 Tage später veröffentlicht wurde (Kat. Nr. 25).

25

James Gillray (1757–1815)

Temperance enjoying a Frugal Meal, 1792

Die Mäßigkeit genießt ein bescheidenes Mahl

Hannah Humphrey, London, 28. Juli 1792
Radierung, punktiert, koloriert · 36,5 × 29,3 cm
Rudolf-Ensmann-Sammlung im Museum
Wilhelm Busch – Deutsches Museum für
Karikatur und Zeichenkunst
BM 8117

TEMPERANCE enjoying a Frugal Meal.

Die Karikatur zeigt das als geizig verschrieene Königspaar Georg III. und Sophie Charlotte bei Salat, gekochten Eiern und Wasser, spöttisch als »königliches Wasser« bezeichnet. Grund für das bescheidene Mahl ist der Geiz. Der Sessel Georgs III. trägt einen Schonbezug, und trotz der Kälte, von der Schneeglöckchen und Mispeln im Kamin zeugen, wird nicht geheizt. Ebenso vielsagend ist der leere Bilderrahmen an der Wand: Der »Triumph der Großzügigkeit« fehlt. Die an der Tür zum Safe hinter der Königin angebrachte Zinsliste und die verschlossene Geldtruhe bezeugen aber nicht nur den Geiz, sondern auch die Raffgier des Königspaares.

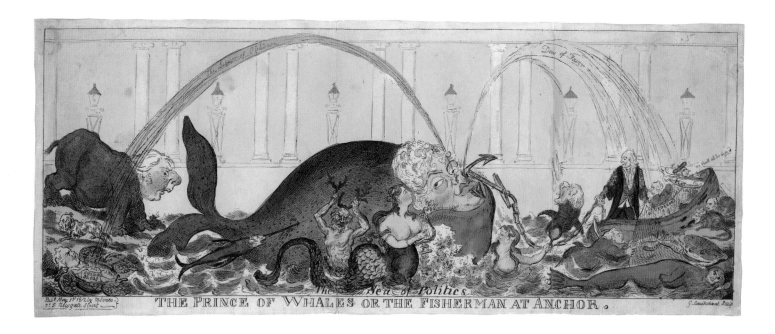

26

George Cruikshank (1792 – 1878)

The Prince of Whales or The Fisherman at Anchor
1812

Der Fürst der Wale, oder:
Der Fischer vor Anker

M. Jones, London, 1. Mai 1812
Radierung, koloriert · 20,4 × 51,1 cm
Wilhelm Busch – Deutsches Museum
für Karikatur und Zeichenkunst
BM 11877

George Cruikshank wurde zu seiner Karikatur durch das Spottgedicht *The Triumph of the Whale* von William Lamb angeregt, das den Prinzregenten mit einem fetten Wal vergleicht – und sich dabei den Gleichklang seines Titels »Prince of Wales« mit dem englischen »Whales« für Wale zunutze macht. Die Karikatur gehört zu einer Reihe von Blättern Cruikshanks, in denen er deutliche Kritik am Prinzregenten übt, der nach einem Jahr Regentschaft die volle Regierungsgewalt übernommen hatte – aber dann keine der erwarteten Änderungen in Gang setzte. Die Whig-Politiker blieben in der Opposition, die Torys stellten die Regierung. Und so hängt der Prinzregent als »Fürst der Wale« am Anker der »heiklen Nachforschungen« und stößt zwei Fontänen aus: Die »Lauge des Vergessens« trifft die Whig-Politiker Charles Grey (als Schildkröte), William Wyndham Grenville (als Seehund) und Richard Brinsley Sheridan (als Nilpferd), der »Tau der Gnade« dagegen den Tory-Politiker Spencer Perceval und dessen Kabinett. Auch auf die Liebschaften des Prinzregenten wird hingewiesen:

Lady Isabella Hertford erscheint als Sirene mit Leier samt ihrem gehörnten Ehemann als Triton, Georgs langjährige, zu diesem Zeitpunkt bereits verflossene Geliebte Maria Fitzherbert als Meerjungfrau. Der Sekretär des Prinzregenten, William MacMahon, bohrt sich als schmarotzender Schwertfisch in dessen Leib – auch seine Frau zählte zu den Liebschaften des Prinzen.

27

Sir William Beechey (1753–1839)

George IV (1762–1830)
when Prince of Wales
1803

Georg IV. als Prince of Wales

Öl auf Leinwand · 128,4 × 101,7 cm
THE ROYAL COLLECTION RCIN
400511/HM THE QUEEN

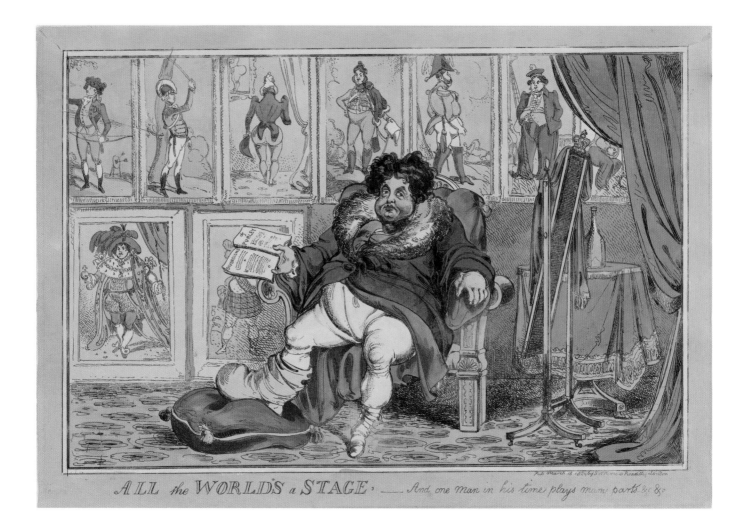

ALL the WORLD'S a STAGE, — And one Man in his time plays many parts &c &c

28

William Heath (1795–1840)

All the World's a Stage, – And one Man in his time plays many parts &c &c, 1824

Die ganze Welt ist eine Bühne – und ein Mann spielt in seinem Leben viele Rollen

Samuel William Fores, London, 15. März 1824
Radierung, koloriert · 25,5 × 36,5 cm
Wilhelm Busch – Deutsches Museum für
Karikatur und Zeichenkunst
BM 14637

König Georg IV. sitzt gedankenverloren in einem Lehnstuhl – sein dick verbundenes Gichtbein ruht auf einem Kissen – und blickt zurück auf sein Leben und die vielen Rollen, die er gespielt hat: den schönen jungen Mann mit einem Bogen in der Hand auf der Jagd, den Kavalleristen mit erhobenem Degen, den Husaren mit hochfrisierter Perücke und Backenbart oder den König im Krönungsornat mit Reichsapfel und Zepter sowie im schottischen Hochlandkostüm.

Der Titel zitiert die berühmte Passage aus William Shakespeares *Wie es euch gefällt* (2. Akt, 7. Szene): »Die ganze Welt ist eine Bühne und alle Frauen und Männer bloße Spieler.«

29

Thomas Rowlandson (1756 – 1827)

Ernest Augustus,
Duke of Cumberland

1811/12

Tusche/Feder · 24,7 × 18,5 cm
The British Museum, London

Porträt von Ernst August, Herzog von Cumberland
und späterer König von Hannover. Der fünfte Sohn
Georgs III. tritt großspurig mit ordensgeschwellter
Brust, in Reitstiefeln und mit Peitsche in die Vor-
halle eines öffentlichen Gebäudes. Im Hintergrund
ist der Prinzregent in Rückenansicht im Gespräch
mit zwei Offizieren zu sehen.

Die gegensätzliche psychologische Charakterisie-
rung macht das Verhältnis der beiden Brüder deutlich: Das militärisch-dominante Auftreten Ernst
Augusts gegenüber der kleinen, konzilianten Figur
seines Bruders verdeutlicht den großen Einfluss,
den der aktive Toryunterstützer auf den Prinzregenten besaß. Ernst August bestärkte den Prinzregenten in der Verhinderung jeglicher Reformen
und wurde durch seine politischen Aktivitäten zum
bestgehassten Mann Englands. Nach dem Ende der
Personalunion 1837 bestieg er als Ernst August I.
den Thron von Hannover.

Die Zeichnung wurde von Thomas Rowlandson
radiert und bei Hannah Humphrey am 10. Januar
1812 unter dem Titel *A Portrait* veröffentlicht. Die
Rückenfigur des Prinzregenten ist eine gedrehte
Kopie nach einer früheren Karikatur James Gillrays.

30

Cecil Beaton (1904–1980)

Queen Elizabeth II, 1953

Cibachrome-Fotografie · 33,1 × 24,9 cm
National Portrait Gallery

Die Aufnahme entstand anlässlich der Krönung
Königin Elisabeths am 2. Juni 1953 in Westminster
Abbey.

31

Martin Rowson (*1959)

**The Dignified Part of
The Constitution ...**, 2008

Der würdevolle Teil der Verfassung ...

4. Dezember 2008
Tusche, Deckweiß · 19,5 × 27 cm
Besitz des Künstlers

Wie die Gottesmutter mit dem Kind sitzt Königin Elisabeth auf dem Thron, auf ihrem Schoß der Sprecher des Unterhauses. Sie trägt die *Imperial State Crown* und verliest die Regierungserklärung zur feierlichen Parlamentseröffnung: »Meine Regierung wird die Bestimmungen für Schoßtanzetablissements verschärfen ...«, betont sie, wobei die Schreibweise in der Sprechblase ihre Aussprache imitiert.

Der Sprecher Michael Martin war durch ungerechtfertigt hohe Ausgaben im Amt unter Beschuss geraten und musste wenige Monate später zurücktreten. Zudem hatte er im November 2008 zugelassen, dass das Parlamentsbüro eines konservativen Unterhausabgeordneten durch die Anti-Terrorabteilung der Metropolitan Police ohne Durchsuchungsbefehl durchsucht wurde, was die Opposition unter David Cameron als Beginn einer Verfassungskrise ansah.

Der Titel der Karikatur bezieht sich auf Walter Bagehots berühmte Unterscheidung aus den Jahren 1867/72 zwischen den *dignified* und den *efficient parts* der ungeschriebenen englischen Verfassung. Die *dignified* oder *theatrical parts*, an deren Spitze die Königin stehe, ergreife, so Bagehot, die Massen und lenke so durch einen unmerklichen, aber allmächtigen Einfluss die Vorstellungen ihrer Untertanen.

32

Trog (d. i. Wally Fawkes) (*1924)

Concorde, 1968

Daily Mail, 29. November 1968
Tusche, Gouache, Bleistift,
Deckweiß auf Karton · 38 × 54 cm
From the British Cartoon Archive,
University of Kent, Canterbury, UK

Wally Fawkes, der unter dem Künstlernamen Trog veröffentlichte, gehört zu den ersten Karikaturisten, die Ende der 1960er-Jahre mit dem ungeschriebenen Gesetz brachen, die Königin nicht zu porträtieren und die dafür heftig kritisiert wurden: Man fürchtete, ein lebensnahes Bild der Königin könne dazu beitragen, diese in den Parteienstreit hineinzuziehen und dadurch ihren überparteilichen Status zu gefährden. In der Darstellung stellt Fawkes das modernisierte Image der Queen der Silhouette des anglo-französischen Prestigeobjektes, dem hypermodernen Überschallpassagierflugzeug Concorde, gegenüber. Der Lärmpegel der Triebwerke verursachte damals ernste Bedenken, wie die *Times* am 23. November 1968 berichtete. Fawkes legt mithin nahe, die Königin teile diese Bedenken.

33

Gerald Scarfe (*1936)

The Royal Lion, 1989

Der königliche Löwe

Gerald Scarfe: *Scarfe Land: A Lost World
of Fabulous Beasts and Monsters*, London 1990
Tusche/Feder, Aquarell · 83 × 60 cm
Gerald Scarfe

Gerald Scarfe sieht die Königin nach 37-jähriger
Regentschaft als elegante, gekrönte britische Löwin
in Gold. Doch bei aller ikonischer Eleganz unter
Edelmetall und ebenso schwungvoll wie sorgfältig
coiffeurter Mähne bleibt sie ein Raubtier: halb im
Sprung, angriffsbereit mit bannend-wachsamem
Blick und nervösem, in Hogarthscher Schönheits-
linie erhobenem Schweif – eine politische Kraft,
mit der zu rechnen ist. Und sie zieht die Winkel
ihres roten Schmollmundes wenig amüsiert nach
unten: Der *Daily Telegraph* notierte im Februar
1989, dass die königliche Familie ungeachtet ihrer
Popularität so häufig kritisiert werde wie niemals
zuvor.

34

Martin Rowson (*1959)

Steady team!, 2012

Mannschaft, Kurs halten!

Tusche, Gouache, Aquarell · 23 × 17 cm
Besitz des Künstlers

Wenige Wochen vor den offiziellen Feierlichkeiten
zum 60-jährigen Thronjubiläum von Königin Elisabeth II. im Sommer 2012 steckt Martin Rowson die
Royals in nordkoreanische Uniformen und lässt sie
Volksarmisten spielen. Die Königin, Camilla und
Prinz Charles zeigen den kommunistischen Gruß
einschließlich verschiedener Varianten des »asia-
tischen Lächelns«: »Mannschaft, Kurs halten! Wir
können in unsere normalen Klamotten zurück, sobald sie aufhören, fiese Witze über Nordkorea zu
machen …«.
Die Zeichnung vom 9. Juni 2012 wurde nicht veröffentlicht.

35

Martin Rowson (*1959)

Queen Camilla, 2012

The Daily Mirror, 9. Mai 2012
Tusche, Gouache, Aquarell, Acryl
24 × 19 cm
Besitz des Künstlers

»Camilla ist nicht länger die Yoko Ono der königlichen Familie«, so der Kommentartitel im *Daily Mirror* vom 9. Mai 2012. Im Kontext dieses Artikels ist auch Martin Rowsons Karikatur erschienen – als zeichnerische Vorwegnahme einer in den Bereich des Möglichen gerückten künftigen Königin. Der Zeitungsartikel betont, dass Camilla nach dem Tod Prinzessin Dianas die Rolle der frevelhaften Frau habe spielen müssen, die alles verdarb. Doch heute hätten ihr die Briten vergeben. Sie sei jetzt Teil einer verschlankten königlichen Familie, der *Magnificent Seven*, die die nächsten 60 Jahre dominieren werde.

36

Martin Rowson (*1959)

Prince Charles at 65, 2013
Prinz Charles im Alter von 65 Jahren

The Spectator Australia, 9. November 2013
(Titel)
Tusche, Gouache, Aquarell, Acryl · 26 × 42 cm
Besitz des Künstlers

Das Selleriebündel über Prinz Charles Schulter macht auf das ökologische Engagement des Fürsten aufmerksam. Gleichzeitig ist der Sellerie Symbol für Charles' Geschäftstüchtigkeit: Der Thronfolger macht mit den landwirtschaftlichen Produkten, auf die auch das Logo *Duchy Originals* auf seiner Rüstung verweist, gute Profite, auf die er darüber hinaus keine Unternehmenssteuer zahlt. Ganz offensichtlich ist ihm das eigene Wohlergehen wichtiger als das des Commonwealth. Außerdem wird mit dem Selleriesymbol auf Spekulationen in der Öffentlichkeit angespielt, ob der »ewige Thronfolger« noch jemals selbst König werden wird. Die Presse hatte Forschungsergebnisse zur therapeutischen Wirkung von Sellerie veröffentlicht, die Menschen mit Hirnerkrankungen wie Alzheimer und Creutzfeldt-Jakob-Krankheit zugute kommen soll.

Die Royals
Royales
Zeremoniell

Die Inszenierung royaler Macht gleicht traditionell einem Hof-Theater mit stetig wiederkehrenden Aufführungen. Sie bildet den Rahmen für die Interpretation nationaler und internationaler Geschichte, wirkt durch beständige Wiederkehr und Einübung mythenbildend und stellt das symbolische Zentrum der Nation, welches seinerseits die gesamte Kultur mit monarchischen Inhalten färbt und durchdringt. Sie verleiht dem Monarchen universale Präsenz: The Queen must be seen.

Das königliche Zeremoniell bildet einen wesentlichen Teil der *soft power* des Königtums, die andere Akteure dazu bewegt, denselben politischen Willen zu entwickeln und dieselben Ziele zu verfolgen. Die königlichen Rituale strahlen im Gegensatz zur Profanität der bürgerlichen Gesellschaft erhebliche Attraktion aus. Sie gewinnen seit hannoverschen Zeiten in immer größerem Maß an Bedeutung, je stärker die königlichen Möglichkeiten personaler Herrschaft im Demokratisierungsprozess zurückgedrängt wurden.

Karikaturen spiegeln die verschiedenen sozialen Darstellungsformen und die mediale Selbstimplementierung des Königtums — angefangen von der Krone und den Kronjuwelen über die Krönung, Hochzeiten, Geburten, Geburtstage und Jubiläen, königliche Bankette und Galavorstellungen, Boots- und Flottenparaden, öffentliche Ansprachen bis hin zu Ordensverleihungen, Ritterschlägen und feierlichen Parlamentseröffnungen. Sie kennzeichnen das königliche Theater um die Jahrtausendwende als Showbusiness.

Die britischen Karikaturisten der Gegenwart reagieren auf das Dilemma, das königliche Zeremoniell in ihrer Kritik teilweise reproduzieren zu müssen und damit Teil der königlichen Erzählung zu werden, mit verschiedenen Strategien: Mit alternativen Rollenzuweisungen an die Royals, mit ironischer Wiederholung und Vervielfältigung königlicher Symbole und Zeichen, mit klassischer Übersteigerung und der Konfrontation mit dem Absurden bis hin zur Verweigerung des royalen Bildes selbst.

37

Steve Bell (*1951)

If … Coronation, 2013

The Guardian G2, 3.-6. Juni 2013
Tusche/Feder, Aquarell
3 Blatt, je 23 × 31 cm, 1 Blatt 18 × 26 cm
Artwork courtesy of the artist

Im Juni 2013 wurde eine Kampagne zur Dezimierung des Dachsbestands in mehreren Grafschaften gestartet, da Dachse die Erreger der Rindertuberkulose übertragen. Die Aktion stieß jedoch auf Proteste von Tierschützern.
Die Karikatur spielt mit der symbolischen Bedeutung des Dachses in der christlichen Kunst: Hier gilt er als Reittier des personifizierten Geizes.

38

Steve Bell (*1951)

***Zum 200. Jahrestag
der Schlacht
von Trafalgar**, 2005*

The Guardian, 29. Juni 2005
Tusche/Feder, Aquarell · 23 × 31 cm
Artwork courtesy of the artist

Königin Elisabeth II. und Prinz Philip nahmen am
28. Juni 2005 anlässlich des 200. Jahrestags der
Schlacht von Trafalgar an Bord der HMS Endu-
rance die Flottenparade vor Southampton ab, an
der sich 167 Kriegsschiffe beteiligten. Doch außer
einer weißen Reling ist auf Steve Bells Karikatur
weit und breit nichts zu sehen; Himmel und Horizont sind von dunklen Rauchschwaden verhangen.
Auf den Ausruf der Königin: »Oh sieh! Ein Schiff!!«
antwortet Prinz Philip: »Das macht einen schon stolz,
griechisch-deutscher Abstammung zu sein!«
Mit diesem absurden Dialog zum *Trafalgar Day* hin-
terfragt Bell ein königliches Zeremoniell, das zu den
erfundenen Traditionen zählt. Ende des 19. Jahrhunderts aufgekommen und mit Paraden, Festessen
und Veranstaltungen im ganzen Empire gefeiert,

war der Trafalgar-Tag nach den horrenden Opfern
zweier Weltkriege weitgehend in Misskredit geraten. Gegen 1993 gab es Gerüchte, die Regierung
Major plane, ihn anstelle des Maifeiertages zum
öffentlichen Feiertag zu erklären. Dieser Plan wurde
2011 in der Tourismus-Strategie der gegenwärtigen
Koalitionsregierung wieder aufgegriffen. Die Flottenparade von 2005 war die erste seit 1999 und die
größte seit dem Silberjubiläum der Königin 1977.

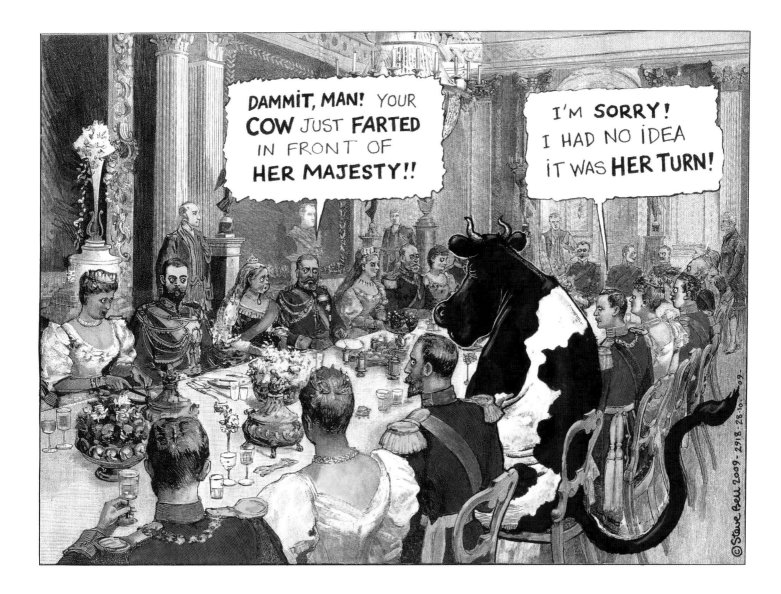

39

Steve Bell (*1951)

Cowfarts, 2009

Kuhfürze

The Guardian, 28. Oktober 2009
Tusche/Feder, Deckweiß · 65,6 × 35,6 cm
Artwork courtesy of the artist

Der Vorschlag des Ökonomen und ehemaligen Regierungsberaters Sir Nicholas Stern, den Fleischkonsum in den reichen Ländern zu reduzieren, löste im Oktober 2009 eine kontroverse Diskussion in der Gesellschaft und in der Presse aus. Sterns Vorschlag basierte auf seinem Untersuchungsbericht zur Ökonomie des Klimawandels im Auftrag der Regierung aus dem Jahr 2006 und sollte einen Beitrag zur Senkung der globalen Kohlenstoffemissionen leisten. Steve Bell positioniert sich in dieser Diskussion um die Reduzierung der Treibhausgase mit einer grotesken Karikatur und setzt eine überdimensionale Schwarzgescheckte unter die illustren Gäste eines royalen Banketts. Diese liefern sich daraufhin einen absurden Hierarchie-Disput: »Verdammt, Mann! Ihre Kuh hat gerade vor ihrer Majestät gefurzt!!« – »Tut mir Leid! Ich hatte keine Ahnung, dass sie an der Reihe war!«

40

Modern Toss (d. s. Jon Link, Lebensdaten
unbekannt, und Mick Bunnage, *1959)

Post-wedding Pound Shop Makeover, 2011

Nachhochzeitliche Ein-Euro-Shop-Renovierung

The Guardian G2 – Royal Wedding Special,
27. April 2011 · Digitale Zeichnung
Besitz der Künstler

Die Karikatur aus der Sonderausgabe des *Guardian* zur Hochzeit von Prinz William und Kate Middleton im Frühjahr 2011 nimmt die gesellschaftlichen Folgen des königlichen Zeremoniells ins Visier. Modern Toss zeigen das Wohnzimmer einer Privatwohnung, das über und über mit royalen Devotionalien dekoriert ist: Ein Besucher fragt den Hausherrn verwundert: »Ich wußte gar nicht, dass du Royalist bist.« Der antwortet: »Bin ich nicht, ich habe einen nachhochzeitlichen Ein-Euro-Shop-Ausverkauf übernommen.«

Mit der Darstellung der widerstandslosen Besetzung des individuellen Lebensumfelds durch die royale Bildwelt attackieren Modern Toss die *soft power* des Königtums, die in der niedrigschwelligen Vereinnahmung und der unbewussten Akzeptanz des Untertanen-Status besteht.

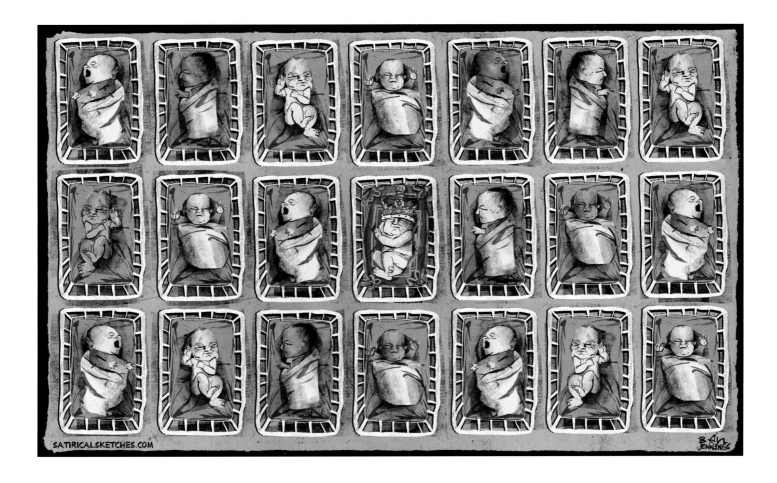

41

Ben Jennings (*1990)

Royal Baby, 2013

Königliches Baby

The Independent, 24. Juli 2013
Druck, 16,1 × 27,3 cm
Besitz des Künstlers

Blick von oben auf einundzwanzig Babies in ihren Krippen auf der Neugeborenen-Station, angeordnet in drei Reihen: weiße, braune, schwarze, schreiende, schlafende winzig kleine Menschen, deren an Ununterscheidbarkeit grenzende Gleichheit durch Motivwiederholung und klappsymmetrische Spiegelung noch unterstrichen wird. Mit einer Ausnahme: Das Baby in der Mitte trägt eine Königskrone und ist auf Rot gebettet.

Ben Jennings Bild serieller menschlicher Reproduktion anlässlich der Geburt von His Royal Highness Prince George of Cambridge am 22. Juli 2013 lässt durchaus unterschiedliche Lesarten zu, je nach Einstellung zum Königshaus. Wird für die royalistische Mehrheit der Briten der Dritte in der Linie der Thronfolger Königin Elisabeths II. nach Großvater Prinz Charles und Vater Prinz William nach Recht und Tradition aus der Masse hervorgehoben, so ist gerade das für die republikanisch gesinnte Minderheit, zu der auch der *Independent* gehört, ein undemokratischer, willkürlicher Akt.

Die Royals
Medien-Monarchie

Im 20. Jahrhundert werden die Royals zu Popstars im modernen Sinne. Das geschieht zunächst aufgrund der gesellschaftlichen Organisation im Namen der Monarchie, die die Gesellschaft und deren Institutionen mit Symbolen und Zeichen durchdringt. Am sinnfälligsten wird dies am Beispiel der Briefmarke. Es wird geschätzt, dass das Porträt der Königin zu den meist verbreitetsten Bildern überhaupt zählt.

Später steigert sich diese Entwicklung aufgrund der erhöhten gesellschaftlichen Reichweite der royalen Bildwelt durch die technologische Entwicklung – vom industriellen Druck des 19. Jahrhunderts über Fotografie, Rundfunk und Fernsehen bis hin zum Internet, dem digitalen Panoptikum des 21. Jahrhunderts.

Die Royals treten in Konkurrenz zu Popstars, mit denen sie um Aufmerksamkeit konkurrieren. Das königliche Zeremoniell kann sich der Priorität in der Medienwelt nicht mehr von vornherein sicher sein, wenn eine Rockband wie die Rolling Stones zu den verehrungswürdigen Institutionen der britischen Gesellschaft gezählt wird, auf einer Stufe mit der Monarchie oder der BBC (Kat. Nr. 48).

Darüber hinaus verkauft sich die Monarchie in vielerlei Hinsicht: Die traditionelle Hofberichterstattung gehört seit Jahrhunderten zum journalistischen Geschäft wie die Lektüre der Hofchronik. Namen sind immer eine Geschichte wert. Diese journalistische Binsenweisheit gilt erst recht für die Boulevardpresse, die jede königliche Rührung, jeden Skandal für ihre Zwecke zu nutzen weiß, unbeschadet der Konsequenzen für den Gegenstand ihrer Berichterstattung.

Schließlich bezeichnet sich die königliche Familie selbst als »Firma«. Auf diese Formen royaler Inszenierung und Vermarktung antworten die Satiriker mit einer Palette von Fake-Devotionalien, mit falschen Briefmarken, satirischen Trinkbechern und Souvenirartikeln bis hin zu Jubiläums-T-Shirts. Selbstbewusst zum parasitären Charakter ihrer Kunst stehend, profitieren sie schließlich selbst vom Rummel um die königliche Person.

42

Trog (d. i. Wally Fawkes) (*1924)

The sunnier side of the street, 1973

Die sonnigere Straßenseite

The Observer, 3. Juni 1973
Tusche/Feder, Deckweiß · 25 × 54 cm
From the British Cartoon Archive,
University of Kent, Canterbury

Prinzessin Anne und Leutnant Mark Phillips reichen sich die Hände und reiten lachend und von der Presse unbehelligt auf der sonnigeren Seite der Fleet Street. Am 30. Mai 1973 hatte der Buckingham Palast ihre Verlobung bekanntgegeben. Auf der gegenüberliegenden Straßenseite, im Dunkeln, macht dagegen eine Meute Fotografen mit langen Teleobjektiven grimmig Jagd auf nackte Frauen und Lords in Unterhosen, die in wilder Flucht davonstieben, wobei mancher seine Baronskrone verliert. Dass der Ritt auf der Sonnenseite kein Dauerzustand sein würde, macht indes ein Reporter deutlich, der sich umgedreht hat und mit dem Finger auf die Verlobten als neues potentielles Investigationsobjekt zeigt.

Die *News of the World* deckten 1973 einen Sexskandal auf, in den die hochrangigen Politiker Lord Lambton, Staatssekretär im Verteidigungsministerium, sowie Lord Jellicoe, Lordsiegelbewahrer und Wortführer des House of Lords, verwickelt waren. Der Skandal weckte sogleich Erinnerungen an die Profumo-Affäre in den 1960er-Jahren. Lambton war in flagranti beim Prostituiertenbesuch fotografiert worden. Die Fotos wurden anschließend der Presse zum Kauf angeboten. Beide Politiker mussten daraufhin ihre Ämter abgeben.

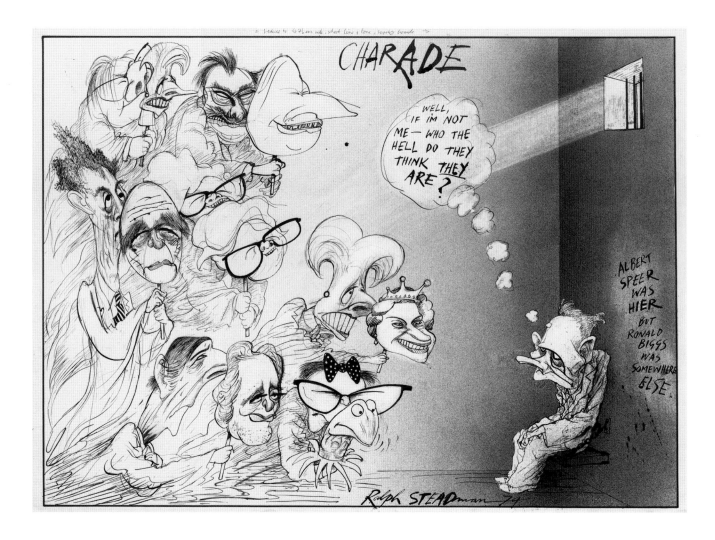

43

Ralph Steadman (*1936)

Charade, 1979

New Statesman, 25. Mai 1979
Tusche, Sprühlack, Deckweiß
auf Karton · 60 × 84 cm
From the British Cartoon Archive,
University of Kent, Canterbury, UK

Ein Häftling in einer kahlen Zelle sieht sich im Sonnenlicht, das durch ein vergittertes Fenster über seinem Klappsitz an der Wand einfällt, mit einer Wolke halluzinierter Personen konfrontiert, die sich jeweils Masken anderer Personen vors Gesicht halten: Premierministerin Margaret Thatcher trägt eine lächelnde Maske Königin Elisabeths II., der Designer Robin Day steckt hinter Kermit dem Frosch, die finstere Erscheinung des umstrittenen Enoch Powell hält die lichte Maske von Edward Heath. Der Häftling stellt der halluzinatorischen Pantomime seine Gedanken in einer Sprechblase entgegen: »Nun, wenn ich nicht ich bin – wer, zur Hölle, denken sie, sind sie?« Die Identität seiner zusammengesunkenen Person bleibt ebenfalls rätselhaft wie das Graffito an der Wand neben ihm.

Seit 1976 hatte Ralph Steadman an einem Buch über Sigmund Freuds Studie *Der Witz und seine Beziehung zum Unbewussten* von 1905 gearbeitet, das 1979 erschienen war und eine Reihe ähnlicher Visualisierungen von Gedankenströmen zeigt. In diesem Blatt verbindet er die Rimbaudsche Identitätsproblematik »Ich ist ein anderer« mit der Idee der Scharade, einem pantomimischem Rätsel, um das politische Theater zu hinterfragen.

44

Martin Rowson (*1959)

In An Ideal World, No 1: The Monarchy, redesigned as a Computer, 1991

In einer idealen Welt, Nr. 1: Die Neugestaltung der Monarchie als Computer

The Guardian Weekend Supplement
Tusche, Tipp-Ex · 22 × 33 cm
Besitz des Künstlers

In Martin Rowsons Kritik am modernen monarchischen Systementwurf ist das Königtum zu einem fantastischen, massiven, 55 Meter hohen Gefährt auf einer Panzerlafette »Made in Germany« mutiert. Dank seiner Ketten ist es sowohl für Fuchsjagden als auch für Commonwealth-Touren und zum innerstädtischen »Umhergondeln« geeignet – ein subtiler Verweis einerseits auf die solide Verfassung und die deutschen Wurzeln der Windsors wie andererseits auf deren Frivolität.

Herzstück ist ein Computer, dessen »einfaches Programm 25 Klischees auf Lochkartenstreifen in Zufallsfolge für jede Gelegenheit« ausspuckt. Diese steuern das sich endlos abspulende Band des royalen Bildprogramms an der Außenseite der Monarchie, angefangen vom allgegenwärtigen Union Jack bis zum königlichen Wappen mit britischem Löwen und Einhorn. Zur weiteren Ausstattung des Panzers gehört ein »aufblasbarer Fergie-Sack« sowie eine Kleiderstange mit der königlichen Garderobe von der Uniformjacke über Abendkleider und Mäntel bis hin zum Krönungsornat. Handliche Roboterarme erleichtern die repräsentativen Pflichten im Alltag. Genauso wie die Torpedorohre das Abfeuern von Champagnerflaschen auf Schiffe. Angetrieben wird die neugestaltete Monarchie von einem klassischen Verbrennungsmotor mit weit geöffneten Klappen unter dem Schild »Hier Geld reinschaufeln«.

45

Nicholas Garland (*1935)

Royal Scandals, 1992

Königliche Skandale

Sunday Telegraph, 29. November 1992
Tusche/Feder · 34,2 × 53 cm
From the British Cartoon Archive,
University of Kent, Canterbury, UK

Ein Reporter der *tabloid press*, der Sensations-
presse, weist scheinheilig und devot mit ausge-
strecktem linken Arm auf den schwarzen Sumpf
der königlichen Skandale hin, den zu durchwaten
sich die Lichtgestalt Königin Elisabeth II. im vollen
Krönungsornat offenbar gezwungen sieht. Die Königin scheint unsicher, welche Dimension des
Skandals schrecklicher ist: die Wirklichkeit des
royalen Familienzwists oder das, was die Sensati-
onspresse daraus macht. Ihr Nimbus wirkt leicht
angekratzt, sie ist fast nicht mehr in der Lage, das
Ausmaß des Schlamassels zu verdecken.
Bei einem Bankett zu ihren Ehren in der Londoner
Guildhall hatte Königin Elisabeth ihren Gästen erklärt, dass das Jahr 1992, in dem eigentlich ihr

vierzigjähriges Thronjubiläum hätte gefeiert werden sollen, sich als *annus horribilis*, ein Jahr der
Schrecken, erwiesen habe. Es war geprägt von
Enthüllungen zur Ehe von Charles und Diana,
Fotos der barbusigen Herzogin von York mit ihrem
Freund und sensationell aufbereiteten Presse-
richten über Tonbandmitschnitte von Mitgliedern
der königlichen Familie, vom verheerenden Feuer
auf Windsor Castle und schließlich von der Bekanntgabe der Scheidung des Prince und der
Princess of Wales am 9. November.

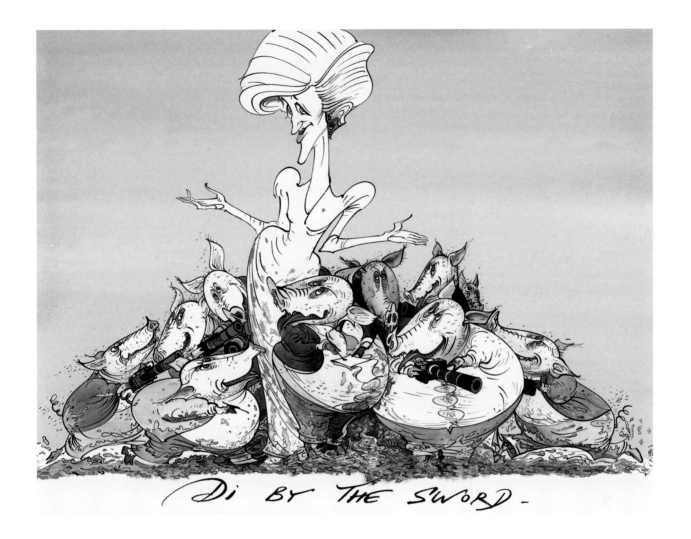

46

Gerald Scarfe (*1936)

***Live by the Sword,
Di by the Sword,*** 2003

Leben durch das Schwert,
Sterben durch das Schwert

Gerald Scarfe: *Heroes & Villains*,
London 2003
Tusche/Feder, Aquarell · 60 × 83 cm
Gerald Scarfe

Gerald Scarfes postume Karikatur von Lady Diana
thematisiert ihr Verhältnis zu den Medien, derer
sie sich bei ihren Attacken auf den Buckingham
Palast bedient hatte, dabei aber auch selbst nicht
ungeschoren geblieben war. Scarfes geistreicher
Titel *Di(e) by the sword* variiert zur Unterstreichung
ein Jesuswort: »Denn alle, die zum Schwert greifen,
werden durch das Schwert umkommen« [Mt 26:52].

47

Steve Bell (*1951)

Cartoons in Newspapers
1998
Karikaturen in Zeitungen

The Guardian, 2. November 1998
Tusche/Feder, Deckweiß auf Fotokopie
21 × 29,7 cm
Artwork courtesy of the artist

»Ich weiß nicht … irgendwie ist der Zauber verflogen«, konstatiert der hemdsärmelige Redakteur bei seinem Blick auf die Schlagzeilen der Boulevard-Blätter *Morning Crap* (Morgen-Mist) und *Daily Toad* (Tägliche Kröte) auf seinem Schneidetisch. Bis auf eine Schlagzeile erwecken alle den Eindruck, dass sich das Geschäft mit den Skandalen der Royals erschöpft hat. Aber – so die Schlagzeile des *Morning Crap* – sollen politische Zeichnungen aus der Tageszeitung verschwinden?
Steve Bell stellt hier auch die Frage nach dem Sinn politischen Zeichnens angesichts von Medienkonzernen, die ihr Profitinteresse zum Maßstab von Gestaltung und Berichterstattung machen.

48

Martin Rowson (*1959)

Royal Rolling Stones
2012

Die königlichen Rolling Stones

Daily Mirror, 1. Dezember 2012
Tusche, Gouache, Aquarell · 23 × 31 cm
Besitz des Künstlers

Die verwitterten Gesichter mit zusammengekniffenen Augen und einem diabolischen Grinsen gehören Mick Jagger und Keith Richards, die lässig winkend aus einer windschiefen Kutsche grüßen. Der Korpus der Kutsche ist aus dem knallroten Zungen-Logo der Rolling Stones zusammengesetzt.

Martin Rowson kommentiert in dieser Karikatur das 50-jährige Bestehen der legendären Rockband, die damit endgültig zu einer bedeutenden, mit den Royals vergleichbaren britischen Institution aufgestiegen war, wie die Presse notierte. Prinz Charles hatte Jagger – in Vertretung von Königin Elisabeth II. – bereits am 12. Dezember 2003 für dessen »Verdienste um die populäre Musik« zum Ritter geschlagen.

Who rules Britain?

Im 18. Jahrhundert gewann das Parlament zunehmend an Bedeutung. In ihm konzentrierte sich die spezifische Dialektik von Innen- und Außenpolitik einer Personalunion beziehungsweise eines Empires mit den Problemen unterschiedlichster Herrschaftsgebiete. Die Premierminister traten als De-facto-Machtausübende infolge der steigenden Gewaltenteilung immer stärker an die Stelle des Monarchen. Während der Regentschaften Georgs I. und Georgs II. war Robert Walpole ab 1721 faktisch und ab 1730 auch formal der erste Premierminister Großbritanniens. Eine ähnliche Dominanz übte im letzten Viertel des Jahrhunderts William Pitt der Jüngere als Premier aus, den Richard Newton in einer Karikatur von 1797 als den eigentlichen Kopf hinter Georg III. sah (Kat. Nr. 49).

Robert Walpoles Nutzung des Mediums Karikatur zeugt davon, dass Karikaturisten und Premierminister einander von Beginn an brauchten. Die satirische Bewertung des Premiers konnte dabei durchaus schwanken, auch bei ein und demselben Karikaturisten: Für James Gillray war Pitt 1795 einmal eine kosmische Lichtgestalt im Auftrag des Hauses Hannover, die die dunklen Wolken des Republikanismus vertreibt (Kat. Nr. 53), ein anderes Mal, nur wenige Tage später, der Tod auf fahlem Pferd, der die Opposition um ihren Führer Charles James Fox in die Hölle stößt und vom Kronprinzen auf den Hintern geküsst wird.

Seit dem 19. Jahrhundert wurden mächtige Premiers mit Krone dargestellt, die Royals gerieten zu Randfiguren: So steuert Tony Blair in Dave Browns *Queen's Speech* aus dem Jahr 1998 Königin Elisabeth per SMS (Kat. Nr. 57). Doch auch die umgekehrte Situation, dass Premierminister ihre politischen Überzeugungen preisgeben, um sich für eine Krone zu verkaufen, findet Niederschlag in den Karikaturen: Gerald Scarfe warf dies 1976 dem Labour-Politiker Harold Wilson vor (Abb. S. 17). Und 2006 ließ Steve Bell in einer Art Gang nach Canossa Tony Blair bei einer Audienz der Königin sein persönliches Fehlverhalten eingestehen (Kat. Nr. 54).

Dabei zeigen sich die Karikaturisten den Mächtigen an der Spitze gegenüber nicht kleinlich und verleihen ihnen ihre ganz eigenen Adelsprädikate: Strumpfbandorden mit der Aufschrift »Sozialismus«, Handtaschen als politische Waffen, Unterhosen als Exzellenznachweis oder Kondome, die über den Kopf gezogen werden.

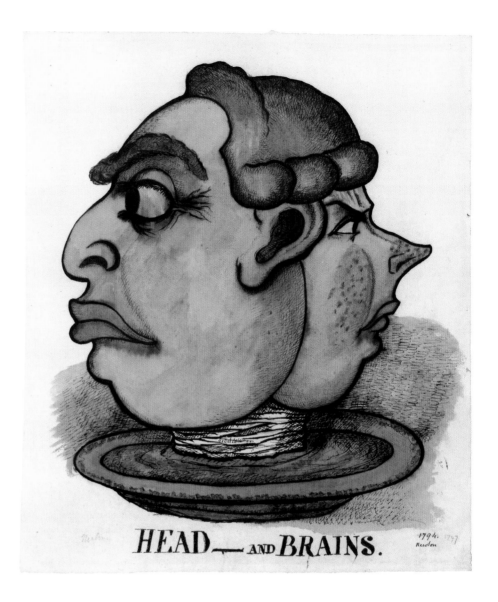

49

Richard Newton (1777 – 1798)

Head – and Brains, 1797

Oberhaupt – und Intelligenz

Tusche / Feder · 32,3 × 27,9 cm
The British Museum, London

In seiner Zeichnung, die am 5. Mai 1797 als Radierung veröffentlicht wurde, zeigt Richard Newton
den englischen Premierminister William Pitt den
Jüngeren als treibende geistige Kraft hinter König
Georg III.

50

Richard Newton (1777–1798)

A Bugaboo!!!, 1792

Ein Schreckgespenst!

Tusche/Feder, Aquarell über Bleistift
36,8 × 46,9 cm
Sammlung Monica & Ronald Searle
in der Rudolf-Ensmann-Sammlung
im Museum Wilhelm Busch – Deutsches
Museum für Karikatur und Zeichenkunst
BM 8102

Das Blatt ist die großformatige Entwurfszeichnung zur gleichnamigen Radierung und richtet sich gegen die königliche Proklamation vom 21. Mai 1792, die tumultartige Versammlungen und aufrührerische Schriften verhindern sollte. Diese Proklamation war durch den englischen Premierminister Pitt initiiert und dem König – wie Newtons Karikatur zeigen soll – in den Mund gelegt worden.

Auslöser der Unruhen war die Schrift *Rights of Man* von Thomas Paine. In dieser Schrift, die in zwei Teilen im Februar 1791 und Februar 1792 erschienen war, verteidigte Paine die Französische Revolution und machte sie damit auch außerhalb Frankreichs populär. Dadurch zog er sich aber insbesondere die Feindschaft des Premierministers Pitt zu. Im September 1792 verließ Paine England und entkam damit nur knapp seiner Verhaftung: wegen seiner aufrührerischen Schriften war er für vogelfrei erklärt worden.

51

Martin Rowson (*1959)

Queen Elizabeth and Margaret Thatcher, 1987

Today, 30. Juli 1987
Tusche/Feder, Aquarell · 26 × 38 cm
Cartoon Museum Collection

»Was ist das?«, fragt die Königin auf dem Thron ihre krallenbewehrte Premierministerin Margaret Thatcher, die in ihrer tiefen Verbeugung ein unfreundliches Zusammentreffen mit einem der königlichen Corgis hat. »Sie wollen, dass ich 895 neue Tory Peers ernenne?« – »Das sind lediglich all die Leute, die ich in den letzten acht Jahren aus dem Kabinett gefeuert habe …«, lässt Martin Rowson Thatcher in seiner Darstellung der Audienz bei Hofe antworten.

Das britische System der Ordensverleihungen, das *honours system*, ist keineswegs ein harmloses, nur symbolisches Schauspiel. Da die meisten Titel auf Vorschlag des Premierministers und nicht des Monarchen vergeben werden, verleiht dieses System dem Premierminister zusätzliche Macht: Freunde werden in das House of Lords gehievt, Kritiker durch wohlklingende Titel zum Schweigen gebracht, aus dem Kabinett verdrängte Politiker besänftigt und Mediengrößen der Regierung gegenüber freundlich gestimmt. Thatcher hatte sich dieses Instruments intensiv bedient.

Thatchers Macht reichte aber offenbar noch weiter: Rowson war auf Bitten der Herausgeber des *Today* gebeten worden, einen weiteren Corgi, der sich ungebührlich an der Rückseite der Premierministerin zu schaffen machte, zu entfernen – seine Spuren sind noch immer erkennbar …

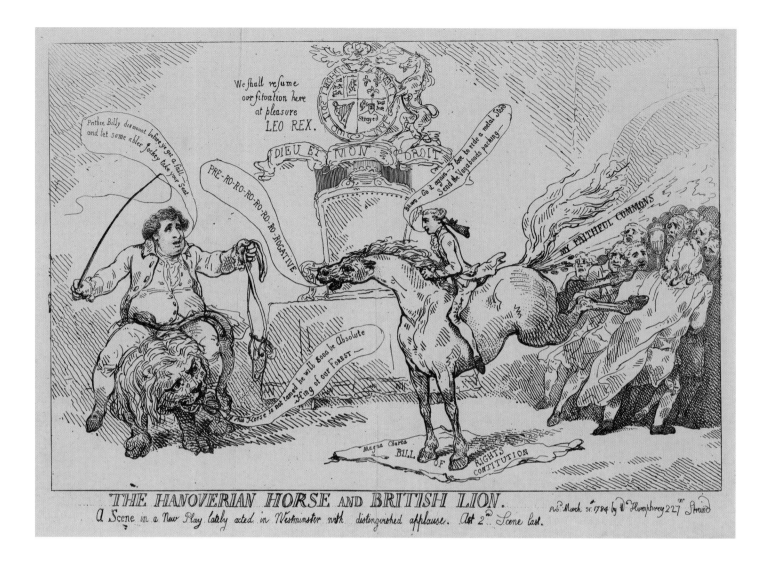

52

Thomas Rowlandson (1756–1827)

The Hanoverian Horse and British Lion, 1784

Das hannoversche Pferd und der britische Löwe

William Humphrey, London, 31. März 1784
Radierung · 24,4 × 34,8 cm
Wilhelm Busch – Deutsches Museum
für Karikatur und Zeichenkunst
BM 6476

Nach der Auflösung des englischen Parlaments am 25. März 1784 war der Machtkampf zwischen William Pitt dem Jüngeren und Charles James Fox neu entbrannt. Der gerade gestürzte Premierminister Pitt konnte sich auf die Unterstützung Georgs III. verlassen und reitet entsprechend siegesgewiss auf dem hannoverschen Pferd. Fox dagegen vertritt allein die britischen Interessen, wie die Karikatur deutlich machen will, indem sie ihn den britischen Löwen reiten lässt. Tatsächlich aber hatte Pitt die mächtigere Unterstützung auf seiner Seite und konnte erneut das Amt des Premierministers erringen.

LIGHT expelling DARKNESS, — Evaporation of Stygian Exhalations, — or — The SUN of the CONSTITUTION, rising superior to the Clouds of OPPOSITION.

53

James Gillray (1757 – 1815)

Light expelling Darkness, – Evaporation of Stygian Exhalations, – or – The Sun of the Constitution, rising superior to the Clouds of Opposition, 1795

Das Licht vertreibt die Finsternis – Die Ausdünstungen der Styx verflüchtigen sich, oder: Die Sonne der Verfassung geht über den Wolken der Opposition auf

Hannah Humphrey, London, 30. April 1795
Radierung, koloriert · 34,8 × 45 cm
Staatsgalerie Stuttgart. Graphische Sammlung
BM 8644

Der englische Premierminister William Pitt wird, dem Sonnengott Apollo gleich, erhöht und verklärt. Mit Lorbeer bekränzt, einen Fuß auf den Schild der Republik setzend, trägt er die Magna Charta in Form einer Leier. Seinen Wagen ziehen der britische Löwe und das hannoversche Pferd. Bibel und Stammbaum des Hauses Braunschweig in den Händen der Putti spielen auf die eben vollzogene Ehe des Prince of Wales mit seiner Kusine Caroline von Braunschweig an. Pitt voran schwebt Justitia, die Rosen auf Pitt herabregnen lässt. Vor der Sonne der Verfassung fliehen Pitts innenpolitische Gegner Richard Brinsley Sheridan, Charles James Fox und Charles Stanhope, während außenpolitisch die französischen Sansculotten das Weite suchen und ihre Schiffe untergehen.
Die mit großer Sorgfalt ausgeführte Verklärung Pitts steht in einem krassen Gegensatz zur tatsächlichen Situation des Premierministers und er-

hält gerade aus dieser Spannung ihren Witz. Denn Pitt stellte für viele Menschen bereits den Tod bringenden Mann dar, da der wenig erfolgreiche Krieg mit Frankreich weiter anhielt und Hungersnöte infolge wiederholter Missernten die Bevölkerung bedrohten.

54

Steve Bell (*1951)

I Want You To Strip Me
Of My Powers And Horsewhip
Me, Ma'am, 2006

Ich möchte, dass Sie mich meiner Macht
berauben und auspeitschen, Ma'am

The Guardian, 17. März 2006
Tusche/Feder, Aquarell · 23 × 31 cm
Artwork courtesy of the artist

Im Frühjahr 2006 hatte Tony Blair eingestehen
müssen, dass die Labour Party vor den Wahlen
Geheimkredite in Höhe von zehn Millionen Pfund
eingesammelt hatte, darunter von drei seiner Kan-
didaten für deren Erhebung in den Adelsstand.

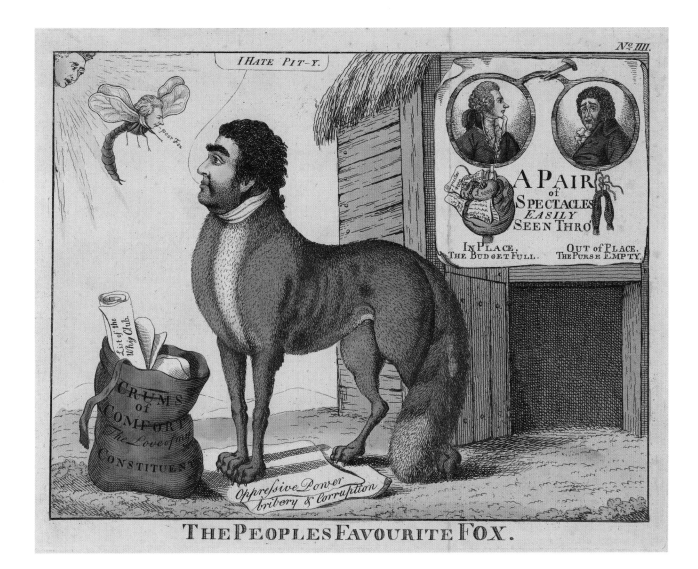

55

Robert Dighton (1752–1814)

The Peoples Favourite Fox
1800
Der Lieblingsfuchs des Volkes

London und Paris, Bd. 5, 1800, S. 151–157
Radierung, koloriert · 18,1 × 23,2 cm
Wilhelm Busch – Deutsches Museum
für Karikatur und Zeichenkunst. Aus der
Sammlung von Günter Böhmer, München
BM 8996A

Die Karikatur zeigt Charles James Fox, einen pro-
minenten Whig-Politiker und langjährigen Oppo-
sitionsführer, und seinen mächtigen Gegenspieler,
William Pitt den Jüngeren, den jüngsten Premierminister der britischen Geschichte. Fox wurde von
Georg III. wenig geschätzt, dafür umso mehr von
seinem Sohn, dem Prince of Wales – zumindest in
dessen jungen Jahren. Georg III. unterstützte dagegen den Tory-Führer William Pitt. Erst nach dem
Tod Pitts 1806 wurde Fox in die Regierung aufgenommen.

56

James Gillray (1757 – 1815)

Confederated-Coalition;
– or – The Giants storming
Heaven, 1804

Vereinigte Koalition, oder:
Die Giganten stürmen den Himmel

Hannah Humphrey, London, 1. Mai 1804
Radierung, koloriert · 46,6 × 33,6 cm
Rudolf-Ensmann-Sammlung im
Museum Wilhelm Busch – Deutsches
Museum für Karikatur und Zeichenkunst
BM 10240

Die Karikatur fasst die Auseinandersetzungen um das Kabinett Henry Addingtons im Bild eines griechischen Mythos zusammen: Vom Olymp aus, sinnbildhaft für das umkämpfte Schatzamt der Tory-Regierung Addington, verteidigen sich der Premierminister Henry Addington als Apoll und zwei seiner Minister gegen die heftigen Attacken der »Giganten«, einer Koalition aus Anhängern seiner Gegner William Pitt dem Jüngeren, Lord Grenville und Charles James Fox: Auf der höchsten Felsenplattform schleudert Amtsvorgänger (und -nachfolger) Pitt seine gebündelten »Argumente« gegen Addington, während der Whig-Führer Fox – von Lord Grenville und seinem Bruder Buckingham gestützt – gar zum Kanonenrohr greift.

Angeregt wurde Gillray zu dem Thema »Gigantenkampf« offenbar durch eine Rede des Lordkanzlers Eldon am 20. April, auf die er dann auch in der Bildlegende verweist: »Die Minister klagen nie über Ermüdung, aber wie erholte Giganten waren sie bereit, sofort in den Kampf zu treten.«
Die Karikatur wurde einen Tag nach dem Rücktritt Addingtons veröffentlicht. Addington war es zuvor nicht gelungen, sich eine Parlamentsmehrheit zu sichern, die er insbesondere zur Unterstützung seiner Politik im Dritten Koalitionskrieg mit Frankreich gebraucht hätte.

57

Dave Brown (*1961)

The Queen's Speech, 1998

Die Rede der Königin

The Independent, 24. November 1998
Tusche/Feder, Aquarell · 30 × 42 cm
From the British Cartoon Archive,
University of Kent, Canterbury, UK

Am 24. November 1998 verliest Königin Elizabeth II.
ihre traditionelle Rede zur Parlamentseröffnung –
und wird dabei von Premierminister Tony Blair per
Mobiltelefon »ferngesteuert«. In der gleichen Ausgabe des *Independent,* in der Browns Karikatur
erschien, wies der Autor auf die nach wie vor zentrale Rolle der Monarchin hin: »Trotz einer Revolution und viereinhalb Jahrhunderten gradueller
Entwicklung ist die Königin Staatsoberhaupt geblieben. Als solches wird sie nicht nur die heutige
Rede halten, sondern sie muss jedes Mal ihre Ein-
willigung geben, wenn aus einer Vorlage Gesetz
werden soll.« Dave Brown sieht dies in seiner Karikatur etwas anders.

58

Gerald Scarfe (*1936)

Cameron Enjoys The Sun
(But He Has His Knockers)
2009

Cameron genießt die Sonne
(Aber er hat eigene Titten)

Sunday Times, 4. Oktober 2009
Tusche/Feder, Aquarell · 83 × 60 cm
Gerald Scarfe

Gerald Scarfe verortet die untersichtige Gestalt David Camerons im Frack allein auf weiter Flur zwischen zwei Signets: dem des Massenblattes *The Sun* über ihm und dem der konservativen Partei als Baum hinter ihm. Cameron genießt selbstverliebt die Gunst von Murdochs *Sun*-Strahlen aus tiefblauem Himmel, hatte die *Sun* doch gerade offiziell angekündigt, zur Unterstützung der Konservativen zurückzukehren.

Das britische Empire Contra Napoleon

Englands insulare Mentalität und sein Selbstbewusstsein im Verhältnis zum überseeischen Rest der Welt bringt die über den konkreten historischen Anlass weit hinausweisende Karikatur von Charles Williams zum Ausdruck, die John Bull 1807 als Sonne und Mitte eines neuen, internationalen Sonnensystems zeigt (Kat. Nr. 62) – eine Weltmachtposition, die von der englischen Flotte für die nächsten anderthalb Jahrhunderte gesichert wurde.

Außenpolitisch folgte auf den Triumph über den globalen Konkurrenten Frankreich im Siebenjährigen Krieg von 1756 bis 1763 der traumatische Verlust der nordamerikanischen Kolonien 1783, mit dem das erste britische Empire zu Ende ging. Der Ausbruch der Französischen Revolution 1789 und die Hinrichtung des französischen Königs Ludwig XVI. stellten die Monarchie grundsätzlich in Frage; in der Folgezeit attackierte schließlich Napoleon das monarchische System durch seine willkürliche Übersteigerung des Königlichen.

In der Auseinandersetzung Englands mit Napoleon Bonaparte spitzte sich die Karikatur gestalterisch und inhaltlich außerordentlich zu und erfüllte auf beiden Seiten die Funktion politischer Propaganda in der ideologischen Auseinandersetzung der stark kontrastierenden Systeme. Nach der Besetzung Hannovers durch die Franzosen im Jahr 1803 nahm die Karikatur die deutschen Besitzungen und Soldaten des britischen Königs in den Blick – allerdings mit der vorgeblichen Erleichterung, dass die kontinentale Achillesferse britischer Politik nun an Napoleon in Form eines Mühlsteins weitergegeben worden war (Kat. Nr. 63).

Anlässlich der 200. Wiederkehr der Französischen Revolution 1989 wurde deutlich, dass das Ereignis von 1789 bis in die Gegenwart Auswirkungen hat: Zwar identifizieren sich Karikaturisten wie Steve Bell (Kat. Nr. 60) oder Ronald Searle (Abb S. 23) mit dem Ahnherrn der britischen Karikatur, James Gillray – allerdings ohne dessen antirevolutionäres Erbe zu übernehmen oder einem unkritischen Bild der Revolution zu huldigen.

59

Louis-Léopold Boilly (1761–1845)

Le chanteur Simon Chenard
(1758–1832) en costume
de sans-culotte, portant un
drapeau à la fête de la liberté
de la Savoie, le 14 octobre
1792, um 1792

Der Sänger Simon Chenard (1758–1832)
in der Kleidung eines Sansculotten auf dem
Freiheitsfest in Savoyen am 14. Oktober 1792

Öl auf Leinwand · 33,5 × 22,5 cm
Paris, Musée Carnavalet

Aus Anlass der militärischen Siege der französischen Revolutionsarmee in Savoyen im September
wurde am 14. Oktober 1792 ein Bürgerfest gefeiert.
Simon Chenard trug vermutlich die neuen Kampf-
lieder der Republik vor, namentlich die Marseil-
laise. In seiner offiziellen Funktion führte Chenard
auch die Kleidung der Sansculotten ein, nämlich
lange Hosen anstatt der Kniebundhosen und Sei-
denstrümpfe, kurze Jacken und Holzschuhe. Er
trug die neue Nationalfahne, die Trikolore.
Das Gemälde hat drei Bedeutungsebenen: erstens
bedient es die Sehnsucht der Menschen nach der
einheitlichen Darstellung des »Volkes«; zweitens
macht Boilly Chenard durch die fiktive Bergland-
schaft und die abgetragene Uniformjacke über der
Arbeiterkleidung zu einem revolutionären Bürger-
Soldaten, der das umgebende Territorium stolz
beherrscht; drittens wohnt dem Bildnis eine ironi-
sche Komponente inne, da sich sowohl der Künstler als auch der Porträtierte der Künstlichkeit der
»politisch korrekten« Konstruktion voll bewusst
waren.

60

Steve Bell (*1951)

Gillray and Sansculotte, 1989

The Guardian, 26. April 1989
Tusche/Feder, laviert, Bleistift · 22,9 × 29,4 cm
The British Museum, London

Die Realität im ausgestreckten linken Arm visierend, fällt James Gillray weder auf das Bühnenbild der französischen Revolutionspropaganda und Boillys Gemälde (Kat. Nr. 59) herein, noch übernimmt er das Gesehene ungeprüft: Er gibt das Nicht-Sichtbare wieder.

Steve Bell lieferte 1989 zur Zweihundertjahrfeier der Französischen Revolution nicht nur eine Hommage an seinen großen Ahnherrn Gillray und an die politische Karikatur als wichtigsten englischen Beitrag zur Kunstgeschichte des 18. Jahrhunderts. Er fixierte damit auch seine eigenen politisch-ästhetischen Ziele: »Keine Entschuldigung an James Gillray« heißt es distanzierend neben seiner Signatur im Gegensatz zu seiner sonst üblichen Anerkennung seiner Bildquelle.

GERMAN-LUXURY, __ or __ Repos a l'Allemande.

61

James Gillray (1757–1815)

German Luxury, – or – Repos a l'Allemande, 1800

Deutscher Luxus, oder:
Erholung auf deutsche Art

Hannah Humphrey, London, 22. Januar 1800
Radierung, koloriert · 26 × 36,3 cm
Wilhelm Busch – Deutsches Museum
für Karikatur und Zeichenkunst
BM 9510

Das Blatt bezieht sich vermutlich auf die Ankunft
der Deutschen Legion in England – vielleicht auf
das »Yorkshire-Husaren« genannte Kavalleriekorps,
das sich aus deutschen Deserteuren aus allen Ländern zusammensetzte. Der Autor W. H. Fremantle
schrieb am 15. Juli 1800: »Es sind gute Männer, aber
sie sind schlecht ausgerüstet und meiner Meinung
nach in schlechter Verfassung. ... Es ist allerdings
Mode, sie sehr zu bewundern.«

62

Charles Williams (tätig 1797–1830)

Malignant Aspects looking with envy on John Bull and his Satelites, or A New Planetary System, 1807

Böse Gestalten blicken mit Neid auf John Bull und seine Satelliten, oder: Ein neues Sonnensystem

Thomas Tegg, London, 21. Oktober 1807
Radierung, koloriert · 34,9 × 24,4 cm
The British Museum, London
BM 10768

Das Blatt verdeutlicht nach dem Verlust der amerikanischen Kolonien die globalen Interessen der maritimen Handelsmacht und sieht London in *splendid isolation* sowie — gestützt auf seine Marine — als das solare Zentrum eines neuen Sonnensystems.

Im Zentrum wird John Bull von der britischen Marine umschlossen, seinen Satelliten. Auf ihn blicken in Form eines Kometen Napoleon, der mit dem russischen Bären verbunden ist, der holländische Frosch, die dänische Maus und ein spanischer Pilz; darüber der italienische Windhund und ein Schweizer Käse. Die gefährlichste Kreatur schwebt am oberen Rand: der Gift auf die britische Marine spuckende amerikanische Torpedo-Fisch.

Its cursed heavy!
I wish it had been Malta!

What thee hast got it hast thee? — the Devil do thee
good with it — Old Measter Chatham used to say
it was a Millstone about my neck — so perhaps
I may feel more lightsome without it.

BONEY in POSSESSION of the MILLSTONE

63

Charles Williams (tätig 1797 – 1830)

Boney in Possession of the Millstone, 1803

Boney im Besitz des Mühlsteins

Samuel William Fores, London, 5. Juli 1803
Radierung, koloriert · 24,5 × 35 cm
Wilhelm Busch – Deutsches Museum für
Karikatur und Zeichenkunst. Dauerleihgabe
der STIFTUNG NIEDERSACHSEN
BM 10030

Mit der Verschärfung des Konflikts zwischen England und Frankreich seit dem Frühjahr 1803 und
besonders nach der englischen Kriegserklärung
an Frankreich vom 18. Mai 1803 spitzte sich die
Lage für das Kurfürstentum Hannover zu: Seine
Interessen waren denen Großbritanniens auch in
den Augen Georgs III. nachgeordnet. Noch im selben Jahr musste Hannover vor den französischen
Truppen kapitulieren.

In den Augen von Charles Williams ist Napoleon
über seine jüngste Eroberung nicht glücklich. Viel-
mehr hängt sie ihm wie ein Mühlstein am Hals,
während John Bull sich darüber freut, den Mühlstein Hannover losgeworden zu sein. Bereits für
William Pitt den Älteren war Hannover ein Mühl-

stein um den Hals. Das welfische Stammland der
englischen Könige erwies sich gerade in konflikt-
reichen Zeiten als Achillesferse Englands auf dem
Kontinent. Deshalb hatte Pitt bereits 1756 mit Preu-
ßen die Konvention von Westminster geschlossen,
um sich mit einem Bündnispartner gegen etwaige
Angriffe der schlagkräftigen französischen Armee
wappnen und ein gemeinsames Vorgehen verab-
reden zu können.

64

James Gillray (1757 – 1815)

Armed-Heroes, 1803

Bewaffnete Helden

Hannah Humphrey, London, 18. Mai 1803
Radierung, koloriert · 25,4 × 35,2 cm
Wilhelm Busch – Deutsches Museum für
Karikatur und Zeichenkunst. Dauerleihgabe
der STIFTUNG NIEDERSACHSEN
BM 9996

Getrennt durch den schmalen Kanal stehen sich
der englische Premierminister Henry Addington
und Napoleon gegenüber und signalisieren ihre
Entschlossenheit zum Kampf.

Gillray reagierte mit seiner Karikatur auf die am
16. Mai 1803 im Unterhaus vorgelegte Aufforderung des Königs, die Gespräche mit Frankreich zu
beenden. Gillray folgerte daraus, dass eine neuer-
liche Kriegserklärung Englands an Frankreich zu
erwarten sei: Der englische Premier hat bereits
seine Waffe gezogen, Napoleon zieht nach. Die
Karikatur erschien am 18. Mai – und noch am gleichen Tag erfolgte die Kriegserklärung.

65

George Cruikshank (1792–1878)

French Generals receiving an English Charge, 1809

Französische Generäle erhalten eine englische
Sendung

Samuel William Fores, London, 28. April 1809
Radierung, koloriert · 24,8 × 36 cm
Wilhelm Busch – Deutsches Museum für
Karikatur und Zeichenkunst
BM 11322

Napoleon, Charles-Maurice Talleyrand und einige
französische Generäle lachen über englische Karikaturen zur Affäre von Friedrich August, Herzog
von York und zweiter Sohn Georgs III., mit Mary
Anne Clarke und stellen fest, dass sie nichts zu
befürchten haben von solch einem »Unterrock-
Kommandeur«.

Die Karikatur ist eine heftige Attacke auf den Duke
of York, Befehlshaber der britisch-hannoverschen
Armee in den Niederlanden. Tatsächlich hatte er
zu Beginn seiner Laufbahn bei der Belagerung von
Valenciennes militärischen Erfolg; der Ort kapitu-
lierte am 28. Juli 1793. Der Misserfolg des Herzogs
von York begann mit der Aufgabe der Belagerung
Dünkirchens im September desselben Jahres. 1809
wurde er in einen Skandal um seine Mätresse verwickelt, die Offizierspatente der britischen Armee
verkaufte. Zwar wurde der Herzog freigesprochen,
aber er legte den Oberbefehl aufgrund der äußerst
negativen öffentlichen Meinung am 20. März nieder.

Interessant ist das Blatt auch dadurch, dass die
Verknüpfung des Sex-Skandals mit der angeblichen Wirkung auf den französischen Feind durch
englische Karikaturen erzielt wird. Der Krieg
gegen Napoleon war nicht zuletzt ein Propaganda-
Krieg: Durch die französische Rezeption englischer Karikaturen wurde der britische Befehlshaber als Objekt der Feindbelustigung gedemütigt,
zugleich aber auch die Neugier des heimischen
Publikums weiter angeheizt.

66

George Cruikshank (1792–1878)

Boney's meditations on the Island of St. Helena – – or – The Devil addressing the Sun, 1815

Boneys Betrachtungen auf der Insel St. Helena, oder: Der Teufel betet die Sonne an

Hannah Humphrey, London, August 1815
Radierung, koloriert · 36,6 × 26,7 cm
Leihgabe der Landeshauptstadt Hannover im
Museum Wilhelm Busch – Deutsches Museum
für Karikatur und Zeichenkunst
BM 12593

Cruikshanks Blatt zeigt eine furiose Abschiedsvorstellung des in der Verbannung auf St. Helena isoliert lebenden und gänzlich aus dem Weltgeschehen gedrängten Imperators. Napoleon auf den kargen Felsen von St. Helena erinnert an den Koloss von Rhodos, doch verkörpert er nicht den Sonnengott Helios, sondern den Teufel. Mit einem Vers aus dem Vierten Buch von John Miltons *Paradise Lost* klagt Napoleon die Strahlen der Sonne an – die bei Cruikshank ein Bildnis des englischen Prinzregenten Georg zeigt. Entsprechend ist das Wort »Sun« aus Miltons Text durch die Initialen des Prinzregenten ersetzt. Die Strahlen der Sonne, die das finstere Gewölk um Napoleon langsam durchdringen und auflösen, tragen die Namen der Männer, die Napoleon vernichtet hat: Alexander I., Friedrich Wilhelm III., Franz I., Wilhelm von Oranien, Herzog von Wellington und Feldmarschall Blücher. Dass der Prinzregent das Zentrum der Sonne darstellt, ist als ironischer Seitenhieb zu werten: Er hat persönlich am wenigsten zum Sturz Napoleons beigetragen.

Das britische Empire
Zwischen Empire und Europa

Auch die Entstehung des zweiten britischen Empires ab 1783 fiel unter die Ägide der hannoverschen Könige. Britanniens globale Interessen dehnten sich auf den pazifischen Raum nach Asien und Afrika aus, was von den Karikaturisten aufgegriffen wurde: James Gillray und George Cruikshank schicken in ihren Zeichnungen königliche Emissäre nach Peking oder ins afrikanische Timbuktu (Kat. Nrn. 67 und 68).

Auf der Grundlage der Industriellen Revolution und mit Zugriff auf die Ressourcen des globalen Reiches stieg Großbritannien zu einer hegemonialen Welt- und Handelsmacht auf. Wie stark dieses Weltreich gleichzeitig monarchiezentriert war, zeigt sich noch in seiner Endphase und darüber hinaus: Sidney George Strube zeichnete die junge Elisabeth II., nachdem sie von einer Reise durch das Empire zurückgekehrt war, mit Untertanen in exotischen Kostümen aus allen Erdteilen (Abb. S. 51); und Ronald Searle findet noch in dem maroden Denkmal der Königin Victoria das weiterwirkende, wenn auch schwächer werdende königlich-britische Erbe im Burma der 1980er-Jahre (Kat. Nr. 73).

»We are with Europe, but not of it. We are linked but not comprised. We are interested and associated, but not absorbed.« Derart äußerte sich Winston Churchill am 15. Februar 1930 in der *Saturday Evening Post*. Nach dem verlustreichen Zweiten Weltkrieg, der sie letztlich ihren Weltmachtstatus kostete, hatten die Briten zunächst ihre historischen Antipathien gegen die fremden Vettern vom Kontinent überwinden müssen. Die versöhnliche Geste nach dem Krieg kam 1965 mit dem ersten Staatsbesuch eines britischen Staatsoberhaupts in Deutschland seit 1909.

Doch die Art »Vereinigter Staaten von Europa«, zu dessen Freunden und Förderern, nicht aber zu dessen aktiven Beteiligten Britannien gehören sollte, wie Winston Churchill 1946 in einer Rede vorgeschlagen hatte, stellt den konservativen Teil der Briten bis heute vor Probleme. Searle verdeutlichte 1995 mit seiner immer noch aktuellen Zeichnung *England and the Euro Monster* (Kat. Nr. 74) die Perspektive seiner Landsleute: die Briten im Kampf gegen das vielköpfige Monster der Europäischen Union, das gierig über den Kanal züngelt. Trotz des Engagements in der EU behindern Isolationismus und Fremdenfeindlichkeit eine nachhaltige Integration bis in die unmittelbare Gegenwart.

Die *splendid isolation* ist auch nach über 200 Jahren manifest in Karikaturen, die Großbritanniens Haltung zu seinen kontinentalen Nachbarn sowie zur europäischen Einigungsbewegung und dem von ihr ausgehenden Modernisierungsdruck kennzeichnet.

The Reception of the Diplomatique & his Suite at the Court of Pekin.

67

James Gillray (1757–1815)

The Reception of the Diplomatique & his Suite at the Court of Pekin, 1792

Der Empfang des Diplomaten und
seines Gefolges am Hofe von Peking

Hannah Humphrey, London, 14. September 1792
Radierung, koloriert · 31,5 × 39,8 cm
Wilhelm Busch – Deutsches Museum für
Karikatur und Zeichenkunst
BM 8121

Im Auftrag Georgs III. trat der nordirische Diplomat und Staatsmann Lord George Macartney im September 1792 mit einer großen Gesandtschaft eine Reise nach China an, um die Möglichkeit von Handelsbeziehungen auszuloten. James Gillray nimmt in seiner Karikatur vorweg, was die Gesandtschaft tatsächlich bei ihrem Empfang im Sommerpalast von Jehol im September 1793 erleben sollte: einen zwar pompösen, gleichwohl aber kühlen Empfang, der deutlich machte, dass das Reich der Mitte das aufstrebende britische Empire nicht als gleichrangig betrachtete. Die Delegation hatte das Land unverzüglich wieder zu verlassen; der chinesische Kaiser Chien Lung erklärte 1794 Georg III. in einer Note, dass er keine Notwendigkeit für Handelsbeziehungen sehe, da China alles habe, was es brauche.

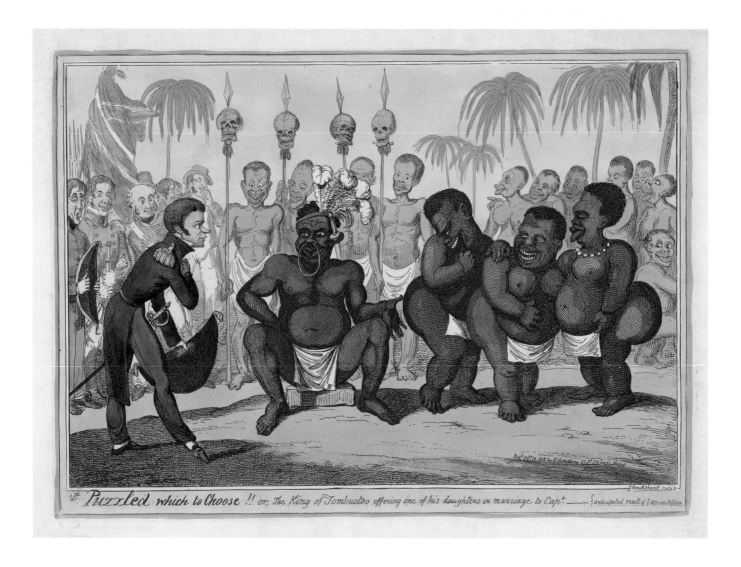

68

George Cruikshank (1792–1878)

***Puzzled which to Choose!!
or, The King of Timbuctoo
offering one of his daughters
in marriage to Cap.t –
anticipated result of y. e.
African Mission,*** 1818

Wen soll er wählen!! oder: Der König von
Timbuktu bietet eine seiner Töchter dem Haupt-
mann zur Heirat an – Vorweggenommenes
Ergebnis der afrikanischen Mission

George Humphrey, London, 10. Oktober 1818
Radierung, koloriert · 25 × 35,2 cm
Wilhelm Busch – Deutsches Museum für
Karikatur und Zeichenkunst
BM 13043

1818 startete von Tripolis aus eine britische Nord-
afrika-Expedition, angeführt von Captain George
Francis Lyon. Es gelang Lyon, bis ins südliche Fes-
san vorzustoßen und wertvolle Eindrücke sowie
Kenntnisse von Land und Leuten zu sammeln.
Nach seiner Rückkehr nach England veröffentlichte er 1821 einen ausführlichen Reisebericht,
angereichert mit zahlreichen eigenen farben-
prächtigen Illustrationen.
George Cruikshank veröffentlichte seine Karikatur
zu Beginn der Expedition und bediente mit ihr das
Klischee vom ungebildeten, wilden Eingeborenen:
Der Stammeskönig, wie alle anderen Eingeborenen nur mit einem Lendenschurz bekleidet, bietet
dem Vertreter der englischen Krone, dem Expedi-
tionsführer Captain Lyon, eine seiner drei wohlgenährten Töchter zur Wahl an. Als Zeichen seiner
Macht und Würde hinterfangen ihn vier seiner
Stammeskrieger mit aufgespießten Totenköpfen.

Bei den hinter dem Captain stehenden britischen
Offizieren erntet dieses Angebot nur amüsiertes
Erstaunen.
Die Karikatur ist offenbar auf Anregung von Captain Frederick Marryat entstanden, wie der stili-
sierte Anker links neben dem Bildtitel andeutet.
Marryat sollte ursprünglich die Expedition leiten,
konnte die Reise dann aber nicht antreten und
wurde durch Captain Lyon ersetzt.

69

George Cruikshank (1792–1878)

Middling Heat in the West Indies, 1817

Die übliche Hitze in Westindien

Samuel William Fores, London,
16. Dezember 1817
Radierung, koloriert · 25,8 × 34 cm
Wilhelm Busch – Deutsches Museum
für Karikatur und Zeichenkunst
BM 12948

Das Blatt dokumentiert das Interesse Cruikshanks und seiner Zeitgenossen an der koloni-
alen Welt des wachsenden britischen Empires.

70

Steve Bell (*1951)

»Such is the end of empire«, 2006
»So endet das Empire«

The Guardian, 24. Februar 2006
Tusche/Feder, Aquarell · 23 × 31 cm
Artwork courtesy of the artist

Durch die Indiskretion eines ehemaligen Mitarbeiters waren die Tagebucheintragungen der Presse zugespielt worden, die Prinz Charles mit *Die Übergabe von Hong Kong oder das Große Chinesische Takeaway* überschrieb. Er notierte: »Gegen Ende dieser Vorstellung im Sowjetstil mussten wir mitansehen, wie die chinesischen Soldaten im Gänsemarsch auf die Bühne marschierten, um den Union Jack niederzuholen und die neue Flagge zu hissen. [...] Ich stand an Deck und schaute auf die sich entfernende Skyline von Hongkong und sagte mir, vielleicht ist es gut für die Seele, der lieben Yacht im selben Jahr Goodbye sagen zu müssen.« Schon während des Hinfluges waren Charles Gedanken gekommen, die Bell im Titel zitiert: »Ich brauchte eine Weile, um festzustellen, dass dies nicht Erste Klasse (!) war, obwohl ich mich gewundert hatte, dass mir der Sitz so unbequem vorkam.« Er entdeckte, dass offizielle Vertreter wie Edward Heath, Douglas Hurd, der neue Außenminister Robin Cook und Paddy Ashdown alle »in der ersten Klasse unmittelbar unter uns« saßen. »So sieht also das Ende des Empires aus, seufzte ich zu mir selbst [...]«, so Prinz Charles.

71

Leslie Gilbert Illingworth (1902–1979)

A Crowd, 1963

Eine Menschenmenge

11. Juni 1963
Tusche/Feder, Bleistift · 27,1 × 39,8 cm
Llyfrgell Genedlaethol Cymru /
The National Library of Wales
Aberystwyth, UK

Der schwarze Keil steht in der Tradition der russischen Revolutionsgrafik und verleiht den politischen Hoffnungen Ausdruck, die den Aufbruch der afrikanischen Staaten in die Unabhängigkeit in den 1950er- und 1960er-Jahren des 20. Jahrhunderts begleiteten. Die Mau-Mau-Bewegung hatte zwar den längsten und blutigsten Krieg im Entkolonialisierungsprozess des britischen Empires verloren, aber den Boden für die nationale Unabhängigkeit bereitet. Am 11. Juni 1963 nahm die Nationalversammlung Kenias, das erste frei gewählte Parlament Afrikas, seine Arbeit auf, bevor das Land am 12. Dezember 1963 seine Freiheit erlangte.

72

Steve Bell (*1951)

Nelson Mandela, 1994

The Guardian, 12. Mai 1994
Tusche/Feder · 17 × 25 cm
From the British Cartoon Archive,
University of Kent, Canterbury, UK

Nelson Mandela als das lachende Gesicht Afrikas: Nach dem überwältigenden Wahlsieg des African National Congress war der Antiapartheids-Kämpfer und Träger des Friedensnobelpreises von der Nationalversammlung zum ersten schwarzen Regierungschef Südafrikas gewählt und am 10. Mai 1994 in Pretoria offiziell in sein Amt eingeführt worden. Das Ereignis, an dem 4000 Gäste teilnahmen, wurde vom Fernsehen mit einer geschätzten Zuschauerzahl von einer Milliarde Menschen in die ganze Welt übertragen.
Steve Bells Hommage folgt einer langen ikonografischen Tradition der politischen Landschaft, die den Souverän auch zum Gesicht seines Landes macht (vgl. Kat. Nr. 12).

73

Ronald Searle (1920 – 2011)

Burma Today, or: Whatever happened to the Empire?
1987

Burma heute, oder: Was ist nur aus
dem britischen Empire geworden?

Condé Nast Traveler, 1/1988
Tusche/Feder, Aquarell auf Karton · 41 × 40,5 cm
Wilhelm Busch – Deutsches Museum für
Karikatur und Zeichenkunst. Dauerleihgabe
der STIFTUNG NIEDERSACHSEN

1987 zeichnete Ronald Searle ein zwiespältiges Bild von Burma. Auf der einen Seite ist die britische Kolonialmacht in Gestalt des Denkmals der Königin Victoria noch immer in dem fernöstlichen Land präsent, das die Briten im 19. Jahrhundert in drei Kriegen von 1824 bis 1885 erobert hatten. Mit beseeltem Blick hält Victoria Ruder und Teetasse fest in Händen, während der britische Löwe sich auf dem umsturzgefährdeten Sockel zu halten sucht. Doch der Tee der Gegenwart wird unter einem anderen Vorzeichen getrunken: Am Eingang einer Hütte lockt auf einem Plakat eine dampfende, mit Hammer und Sichel verzierte Teekanne zum »Burmanischen Weg zum Sozialismus«, mit dem das Militärregime seit 1962 die Kolonialzeit zu überwinden sucht.

Die Bühne ist Rangun, größte Stadt Burmas, kenntlich durch die Shwedagon Pagode links im Bild. Bereits 1920 war sie Mittelpunkt des burmesischen Widerstands gegen die britische Herrschaft. Searles Blick auf Ende und Erbe des britischen Empires ist, auch aufgrund eigener Kriegsgefangenschaft in Siam und Malaya, empathisch, aber illusionslos.

74

Ronald Searle (1920 – 2011)

**England and the
Euro Monster**, 1995

England und das Euro-Monster

The New York Times, 18. Januar 1995
Tusche / Feder, gespritzt · 38,2 × 55,3 cm
Wilhelm Busch – Deutsches Museum
für Karikatur und Zeichenkunst

Im Anzug mit Hut und Regenschirm bekämpft der
Brite Zähne zeigend das achtköpfige, finstere europäische Monster, das gierig-züngelnd seine
Hydra-Köpfe über den Kanal streckt. Schutzschild
des Briten ist das königliche Wappen, das der konservative Möchtegern-Herakles der Bedrohung
seiner Insel durch die europäische Union tapfer
entgegenhält.

The Plumb-pudding in danger; – or State Epicures taking un Petit Souper.
"the great Globe itself, and all which it inherit." is too small to satisfy such insatiable appetites.
· Vide M.W. d'mis eccentricities in ye Political Register

75

Anonym nach James Gillray (1757 – 1815)

The Plumb-pudding in danger, – or State Epicures taking un Petit Souper, 1805

Der Plumpudding in Gefahr, oder:
Staatliche Genießer essen zu Abend

London und Paris, Bd. 14, 1805, Tafel XIV
Radierung, koloriert · 19,1 × 24,3 cm
Wilhelm Busch – Deutsches Museum für
Karikatur und Zeichenkunst. Dauerleihgabe
der STIFTUNG NIEDERSACHSEN
BM 10371 A

Noch berühren sich ihre Interessen nicht: Napoleon will Europa und sticht mit seiner Gabel in das annektierte Hannover, während sich Pitt den Atlantischen Ozean bis zu den Westindischen Inseln abschneidet. Doch damit werden sie sich nicht zufriedengeben, und so lässt Gillray in seiner zweiten Textzeile wenig Hoffnung für die Möglichkeit einer friedlichen Koexistenz. Sie beginnt mit einem Zitat aus William Shakespeares *Der Sturm*: »Diese große Erdkugel selbst, und alles was sie in sich fasst« – sei aber, so Gillray weiter, zu klein, um einen solch unersättlichen Appetit zu stillen.

Die Karikatur reagierte auf eine Friedensnote Napoleons an Georg III. vom 2. Januar 1805, in der Napoleon suggerierte, die Welt sei groß genug für die Interessen beider Länder. In England wurde jedoch den Versprechungen Napoleons kein Glauben geschenkt; Georg III. bekräftigte in einer Thronrede wenig später die englische Absicht, den Krieg fortzuführen.

76

Steve Bell (*1951)

Eurobo££ocks!, 2007

Euroschwachsinn

Tusche/Feder und Pinsel, Aquarell,
Bleistift · 27,8 × 23,1 cm
Cartoon Museum Collection

Steve Bells für die gleichnamige Ausstellung ent-
standenes Rundbild entwürdigt aus kunsthistori-
scher Sicht mit der Randleiste aus Stierhoden die
in der Renaissance besonders für Madonnendar-
stellungen beliebte Bildgattung des Tondo. Motivisch geht das Bild Margaret Thatchers als Britannia in inniger Umarmung mit dem Stier, dem Symbol Europas, auf Ford Maddox Browns bekanntes
Auswandererbild *The Last of England* aus dem Jahr
1855 zurück.
Thatcher wie dem Stier tropft Schaum aus dem
Maul. BSE-Krise und gestörte konservative Eu-
ropa-Politik im Zeichen des Pfundes vereinend,
wird der Titel inhaltlich aufgeladen: Ade, Roast Beef
of Old England!

Affären und Skandale

In der Monarchie steht die dynastische Konstruktion mit der gesetzlichen Erbfolge im Mittelpunkt. Die regierende Familie ist in der Pflicht, für dynastische Kontinuität zu sorgen. Dabei ist sie anfällig für biologische Zufälle, Liebesaffären, Ehestreitigkeiten, Generationsdifferenzen, soziale Verwerfungen und politisches Versagen. Auch das Haus Hannover war von Anfang an durch den wiederkehrenden Konflikt von Throninhaber und Thronanwärter gezeichnet.

Royale Affären und königliche Mätressen hatten im 18. Jahrhundert eine offiziöse Dimension. Meist anonym bleibende Karikaturisten kommentierten sie süffisant, zogen häufig Vergleiche mit biblischen Vorbildern und ergänzten den barocken Herrscherkult um eine erotische Note. Im Lauf des Jahrhunderts steigerte sich dies zu drastisch-körperlicher Detailliertheit.

Die Karikatur wirkte so als neuer Medien-Stressor. Sie trug zur Entfremdung einer unablässig der Öffentlichkeit ausgesetzten Familie und zu einer symbolischen Lebensführung bei, die sie zugleich spiegelte und dokumentierte. Für sich genommen vielleicht wenig bedeutsame Beziehungskonflikte erlangten durch die Projektion auf den öffentlichen Schirm grundlegende Bedeutung. »Der Körper des Königs ist nicht sein eigener. Er gehört der Nation und somit in die Verantwortung des Parlaments«, verlautbart William Pitt in Alan Bennetts Theaterstück *The Madness of George III* von 1991.

Affären im Königshaus, Eskapaden im Wortsinn, spielen auf nationaler und – in der Gegenwart – auf globaler Bühne. So wachsen sich die Affären Georgs IV. vor seiner Krönung und die jahrelangen Auseinandersetzungen um die Scheidung von Caroline von Braunschweig-Wolfenbüttel zu einer *battle royal* aus, die eine Entsprechung auch in medialer Hinsicht erst wieder in den tragisch endenden Ehestreitigkeiten von Prinz Charles und Lady Diana finden.

Die seit dem späten 19. Jahrhundert bis in die 1960er-Jahre geltende Bildkonvention, die Königin allenfalls in Rückansicht zu karikieren, um sie nicht zum Spielball in den Auseinandersetzungen der Politik werden zu lassen, wich – wie bereits zur Zeit der georgianischen Karikatur – erneut einer schonungslosen Darstellung: Die deutschen Wurzeln des Hauses Windsor werden aufgegriffen, zum Beispiel während der karnevalesken Eskapade Prinz Harrys im Jahr 2005 (Kat. Nrn. 96 und 97).

Auch der Korruptions- und Sexskandal um den Oberbefehlshaber Friedrich August, der die Armee 1809 mitten im Krieg gegen Frankreich erschütterte (Kat. Nr. 65) und zum Rücktritt des Herzogs führte, findet eine Entsprechung in der satirischen Behandlung eines der größten britischen Politskandale des 20. Jahrhunderts: Mitten im Kalten Krieg zwang eine Affäre mit einem Callgirl den britischen Verteidigungsminister John Profumo zum Rücktritt und läutete das Ende der Regierung Macmillan ein (Kat. Nrn. 90 und 91).

SOLOMON in his Glory.
Geo. II.

Come let us take our Fill of Love untill the Morning let us Solace our selves with Love; For the Good Man is not at Home, He is gone a Long Journey, He hath taken a Bag of Money with him & will come home at the Day Appointed.
Queen Caroline died 1 Dec. 1737   Proverbs 7 18 19 20.   19. Dec. 1738
Publish'd According to Act of Parliment Dec: 19 1738

77

Anonym

Solomon in his Glory
1738
Salomon in all seiner Pracht

19. Dezember 1738
Radierung · 21,3 × 20 cm
The British Museum, London
BM 2348

Eine weitere Satire auf Georg II. und seine Mätresse Amalie von Wallmoden, datiert auf das Jahr nach Königin Carolines Tod. Das Schäferstündchen der beiden wird auf der Karikatur durch ein Zitat aus der Bibel, den Sprüchen Salomons, kommentiert: »Komm, laß uns genug buhlen bis an den Morgen, und laß uns der Liebe pflegen: Denn der Mann ist nicht daheim, er ist einen fernen Weg gezogen, Er hat den Geldsack mit sich genommen, er wird erst aufs Fest wieder heim kommen.« [Sprüche 7:18–20] Mitgedacht werden sollte jedoch auch der weitere Text in der Bibel: »Sie überredete ihn mit vielen Worten und gewann ihn ein mit ihrem glatten Munde. Er folgte ihr bald nach, wie ein Ochs zur Fleisch-bank geführt wird, und wie zur Fessel, da man die Narren züchtiget, bis sie ihm mit dem Pfeil die Leber spaltete, wie ein Vogel zum Strick eilet und weiß nicht, daß ihm das Leben gilt. So gehorchet mir nun, meine Kinder, und merket auf die Rede meines Mundes. Laß dein Herz nicht weichen auf ihren Weg und laß dich nicht verführen auf ihre Bahn! Denn sie hat viele verwundet und gefället, und sind allerlei Mächtige von ihr erwürget.«

78

Anonym

The C-T Shittle-Cock

1740

Hof-Federball

Radierung · 22 × 23 cm
The British Museum, London
BM 2451

Über das bürgerlichen Moralvorstellungen hohnsprechende Liebesleben am Londoner Hof unter George II. gibt diese anonyme Radierung Auskunft: König Georg II. (rechts im Bild) und sein mächtiger Minister Robert Walpole spielen zum Bedauern des Kronprinzen mit dem kurz zuvor aus seinen Londoner Ämtern entlassenen Duke of Argyll Federball. An Georgs Seite steht seine Mätresse Amalie von Wallmoden, die nach dem Tod von Königin Caroline 1737 an den Londoner Hof gekommen und zur Lady Yarmouth erhoben worden war. In der anonymen Karikatur beklagt sie sich jedoch über die mangelnde Manneskraft ihres Liebhabers, weshalb sich die Begleiterin Robert Walpoles – seine illegitime Tochter Lady Mary Churchill – sofort als geeigneter Ersatz anbietet.

79

Thomas Rowlandson (1756–1827)

The Devonshire, or Most Approved Method of Securing Votes, 1784

Die Devonshire, oder die bewährteste Methode, Stimmen zu sichern

Hannah Humphrey, London, 12. April 1784
Radierung · 24 × 33,2 cm
The British Museum, London
BM 6564

Georgiana Cavendish, Herzogin von Devonshire, war eine gefeierte Schönheit und von großem Einfluss auf Mode und Stil ihrer Zeit. Darüber hinaus zeichnete sie sich durch ein starkes politisches Engagement für die Whig-Partei aus. Ihr Londoner Stadthaus, Devonshire House, war Treffpunkt führender Whig-Politiker wie Charles James Fox oder Richard Brinsley Sheridan, aber auch zum Prince of Wales unterhielt Georgiana eine enge Verbindung.

Insbesondere wegen ihres politischen Engagements wurde Georgiana immer wieder angegriffen, gerade auch in Karikaturen. Thomas Rowlandson spielt in seiner Karikatur auf ihren Wahlkampfeinsatz für die Whigs im Jahr 1784 an und zeigt die attraktive Herzogin, wie sie den Whig-Führer Charles James Fox – in der Kleidung eines Schlachters – umarmt.

80

James Gillray (1757 – 1815)

Dido, in Despair!, 1801

Dido verzweifelt

Hannah Humphrey, London, 6. Februar 1801
Radierung, koloriert · 25,3 × 36 cm
Staatsgalerie Stuttgart. Graphische Sammlung
BM 9753

Lord William Hamilton, langjähriger britischer Ge-
sandter am Hof von Neapel, heiratete 1791 die er-
heblich jüngere Emma Lyon, die sich durch ihre
Schönheit und ihre Liebesverhältnisse mit ein-
flussreichen Männern aus einfachen Verhältnissen
emporgearbeitet hatte. Sorgte diese Eheschlie-
ßung bereits für Aufsehen, war das seit 1798 an-
dauernde Verhältnis zwischen Emma und Lord
Horatio Nelson ein Gesellschaftsskandal par ex-
cellence, zumal Lord Hamilton ein Zusammenle-
ben in aller Öffentlichkeit duldete.

In James Gillrays Karikatur schreit Emma Hamilton
ihre Verzweiflung über die Abreise ihres Geliebten
laut heraus, während ihr Mann ruhig in seinen
Kissen vergraben weiterschläft. Mit zahlreichen
Anspielungen weist Gillray auf das pikante Dreiecksverhältnis hin: anzügliche Antiken wie das
Fragment einer Priapusfigur, des Gottes der
Fruchtbarkeit, eine Büste Messalinas, der als Muster von Treulosigkeit immer wieder zitierten Gattin

des Kaisers Claudius, oder ein geiler Satyr, vor
dem Bild der Venus hockend. Auf Emmas darstel-
lerische Erfolge, die sie in Neapel zu einer Berühmtheit hatten werden lassen, verweist dagegen
das aufgeschlagene Buch *Studies of Academic
Attitudes taken from the Life*: Mit einem Minimum
an Requisiten stellte sie antike Statuen und Gemälde in lebenden Bildern nach und begeisterte
damit auch Italien-Reisende wie Johann Wolfgang
von Goethe.

Der Bildtitel erinnert an eine Episode aus Vergils
Aeneis: Dido, Königin von Karthago, war Aeneis in
Liebe verbunden. Als Aeneis sie auf Befehl Jupi-
ters verließ, beging Dido Selbstmord.

81

James Gillray (1757 – 1815)

A Cognocenti contemplating
y/e Beauties of y/e Antique
1801

Ein Kenner betrachtet die Schönheiten
der Antike

Hannah Humphrey, London, 11. Februar 1801
Radierung, koloriert · 35,8 × 25 cm
Wilhelm Busch – Deutsches Museum
für Karikatur und Zeichenkunst
BM 9753

Eine weitere Karikatur zu dem skandalträchtigen
Dreiecksverhältnis zwischen dem Ehepaar Hamilton und Lord Nelson: Lord Hamilton steht inmitten
von Objekten seiner berühmten und wertvollen
Sammlung antiker Altertümer. Da er seine Brille
aber verkehrt herum hält, sieht er das Offensicht-
liche nicht: Die von Gillray in der Karikatur versammelten Antiken spielen beziehungsreich auf das
Dreiecksverhältnis und seine Rolle als gehörnter
Ehemann an. Im Mittelpunkt steht die beschädigte
Büste der schönen Läis, einer berühmten antiken
Kurtisane, mit den Zügen der Lady Hamilton; die
an der Wand hängenden Bilder zeigen den von
Messalina betrogenen Kaiser Claudius sowie das
bekannte Liebespaar Antonius und Cleopatra. Auf
dem Boden rechts vor der Wand steht die Statue
des Königs Midas als Sinnbild der Torheit und der
falschen Wahl; auf dem Tisch Amor mit verboge-
nem Pfeil und der ägyptische Stiergott Apis.

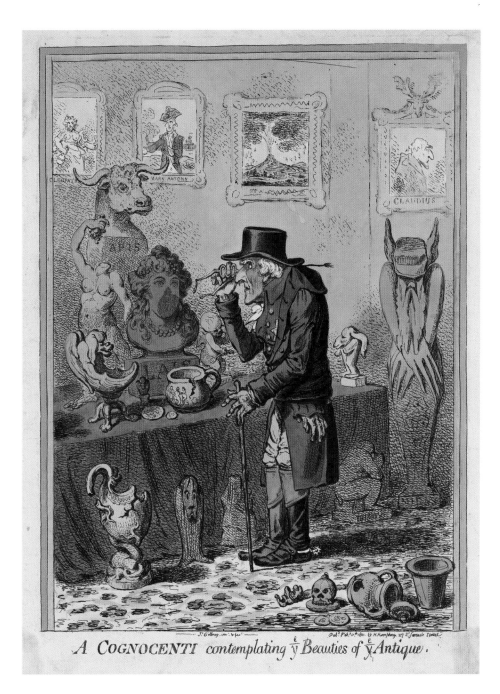

A COGNOCENTI contemplating y̆ Beauties of y̆ Antique.

HIS HIGHNESS IN FITZ

82

George Townley Stubbs (1756–1815)

His Highness In Fitz, 1786

Seine Hoheit in Fitz

Rich. White, London, 1. April 1786
Radierung, koloriert · 17,6 × 25,3 cm
The British Museum, London
BM 8252

1784 hatte der Prince of Wales mit der sechs Jahre älteren, zweifachen katholischen Witwe Maria Fitzherbert ein Liebesverhältnis begonnen und sie 1785 ohne Wissen oder gar Zustimmung des Königs geheiratet. Die Ehe war damit illegal – und hätte den Prinzen entsprechend des *Act of Settlement* auch von der Thronfolge ausgeschlossen. Die Ehe wurde deshalb geheim gehalten und vom Prinzen öffentlich nicht zugegeben. Seit Frühjahr 1786 kursierten jedoch Gerüchte, die die Karikaturisten mit Begeisterung aufgriffen. Die Karikatur – mit einem geistreichen Wortspiel als Titel – zeigt seine Hoheit buchstäblich innerhalb von »Fitz« in einem orgastischen Anfall (engl. *fit*). Das Strumpfband von Maria Fitzherbert ziert die zweite Hälfte der Devise des englischen Hosenbandordens *Honi soit qui mal y pense* (Beschämt sei, wer schlecht darüber denkt), während seines das Wort *soit* aus der ersten Hälfte zeigt. An der Wand hinter ihnen

befinden sich die drei Federn des fürstlichen Emblems sowie ein Kreuz und eine Marienstatuette als Zeichen der Mesalliance.

Es handelt sich bei diesem Blatt nicht um eine Ausnahmeerscheinung: Karikaturen, die sich durch einen mangelnden Respekt und Frechheit vor dem Royalen auszeichnen, waren keine Seltenheit. Bemerkenswert an diesem Blatt ist jedoch, dass es aus respektabler Quelle stammt: Obwohl nicht signiert, ist gesichert, dass die Karikatur von George Townley Stubbs, dem Sohn des bekannten Künstlers George Stubbs, gestochen wurde.

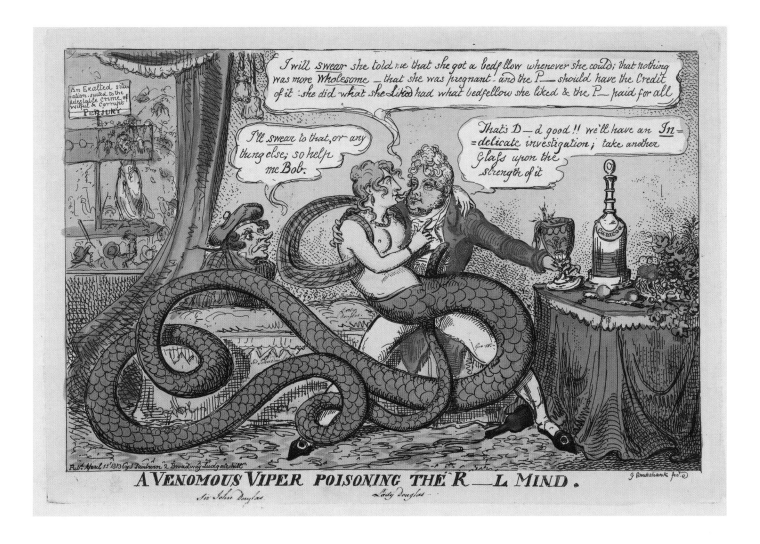

83

George Cruikshank (1792 – 1878)

**A Venomous Viper Poisoning
The R – L Mind**, 1813

Eine gefährliche Schlange vergiftet das
königliche Gemüt

John Fairburn, London, 1. April 1813
Radierung, koloriert · 24 × 35 cm
Wilhelm Busch – Deutsches Museum
für Karikatur und Zeichenkunst
BM 12029

Die Ehe des Prince of Wales mit Prinzessin Caroline von Braunschweig war von Anfang an unglücklich. Schon ein Jahr nach der Hochzeit, als die Tochter Charlotte 1796 geboren war, erklärte Georg die ehelichen Beziehungen für beendet. Im Alter von acht Jahren wurden Mutter und Tochter getrennt, woraufhin Caroline, wie öffentlich allgemein bekannt war, den Sohn eines Segelmachers in ihre Obhut nahm. Dieses Jungen bediente sich die Intrige, die das Ehepaar Douglas anzettelte. Lady Douglas war die Geliebte des Prinzen geworden, der nach einem Scheidungsgrund suchte. Sie setzte das Gerücht in die Welt, dass die Prinzessin unzählige Liebhaber habe und der Junge ein illegitimer Spross eines dieser Verhältnisse sei. Doch auch in diesem Fall konnte die *Delicate Investigation,* die 1806 auf Betreiben des Prinzen eingesetzt worden war, um eine mögliche Untreue Carolines aufzudecken, ihr kein Fehlverhalten nachweisen.

Der Fall erregte ganz England. Die Lebensweise des Thronfolgers war allzu bekannt. Für die Öffentlichkeit war Lady Douglas eine Meineidige – und dementsprechend setzt Cruikshank sie als Schlange dem Prinzen auf den Schoß, die mit gespaltenem Zünglein das Gift der Lüge ins Ohr träufelt. Lord Douglas bestätigt die Worte seiner Frau, weil er sich dafür die übliche Belohnung verspricht. Doch im Hintergrund erkennt man den Pranger für Meineidige – ein deutlicher Hinweis von Cruikshank.

THE MODERN CALYPSO; or the Matured Enchantress.

84

Charles Williams (tätig 1797 – 1830)

The Modern Calypso;
or the Matured Enchantress
1812

Die moderne Calypso,
oder: die gereifte Zauberin

Samuel William Fores, London, Mai 1812
Radierung, koloriert · 27 × 39,5 cm
Dauerleihgabe des Fördervereins des
Museums »Wilhelm Busch – Deutsches Museum
für Karikatur und Zeichenkunst« e. V.
BM 11914

1807 begann der Prince of Wales ein langjähriges Verhältnis mit Lady Hertford. Charles Williams greift in seiner Karikatur den Ende des 17. Jahrhunderts entstandenen Abenteuer- und Bildungsroman *Die seltsamen Begebenheiten des Telemach* von François Fénelons auf, um das Liebesverhältnis zu kommentieren: Lady Hertford empfängt als dickleibige Kalypso den vor ihr knienden Georg in der Rolle des Telemach. Er wird begleitet von seinem Freund Richard Brinsley Sheridan in der Rolle des Mentors als verkleidete Athene. Georg bittet: »Verehrungswürdigste und göttliche Diva, erlaubt mir armem, irdischen Schiffbrüchigen in den Überfluss eures Zaubereilands einzutauchen, und gestattet mir, meinen geschätzten Mentor, den Anleiter meiner Jugend, der Obhut und der Freude eurer einnehmenden Jungfrauen zu empfehlen.«

Und Lady Hertford gewährt ihre Gunst: »Es ist Zeit für euch nach so vielen Prüfungen des balsamischen, einladenden Schlafs zu genießen; ihr habt hier nichts zu fürchten; alles lacht euch zu; überlasst euch der Wonne; hängt dem Frieden nach und allen anderen Segnungen, mit denen der Himmel euch überschütten wird.« Sheridan, der als Mentor Georg eigentlich vor den Zauberkünsten Lady Hertfords bewahren soll, hat offenbar bereits von dem »Nektar«, den ihm die beiden jungen Frauen reichen, gekostet: »Ja, hic, wir blieben besser hier, hic, komm, lasst uns etwas, hic, mehr von dem Nektar, meine schönen, hic, schönen L-L-Lieblinge, nehmen.«

PATENT PUPPETS *alias the* HERTFOD FANTOCCINI.

85

Anonym nach Charles Williams
(tätig 1797–1830)

Patent Puppets alias the Hertfod Fantoccini

1812

Patent-Puppen alias Hertford-Marionetten

Samuel William Fores, London, 6. April 1812
Radierung, koloriert · 27,8 × 38,7 cm
Dauerleihgabe des Fördervereins des
Museums »Wilhelm Busch – Deutsches Museum
für Karikatur und Zeichenkunst« e. V.

Lady Hertford wurde verschiedentlich vorgeworfen, den Prinzen politisch zu beeinflussen. Diese Karikatur unterstellt ihr, den Prinzregenten dazu überredet zu haben, Premierminister Spencer Perceval im Amt zu halten, der wenige Wochen nach Erscheinen dieser Karikatur in der Lobby des Unterhauses von einem Birminghamer Kaufmann erschossen wurde. John Bull und Lady Hertford stehen sich vor einem Puppentheater gegenüber. Ihr rechter Arm hält vier Strippen, die die Perceval-Puppe steuern. Im Hintergrund ist eine realistische Ansicht von Carlton House zu sehen, der Londoner Residenz des Prince of Wales. Die verschmähten Whig-Politiker Grenville und Grey hängen an einem Haken hinter ihr. Das geschickte Spiel von Lady Hertford nötigt dem verblüfften John Bull Respekt ab: »Was für eine clevere Lady Sie doch sind«.

86

George Cruikshank (1792–1878)

Royal Hobby's, or The Hertfordshire Cock=horse!, 1819

Königliche Liebhabereien, oder:
Das Steckenpferd von Hertfordshire

M. Clinch, London, 20. April 1819
Radierung, koloriert · 23,6 × 33,6 cm
Wilhelm Busch – Deutsches Museum
für Karikatur und Zeichenkunst
BM 13220

In George Cruikshanks Karikatur thront Lady Hertford mit Zepter und Peitsche auf dem Rücken des als Laufmaschine mit zwei Rädern sich mühsam fortbewegenden Prinzregenten. Aber auch wenn er stöhnt, für sie möge es ja ein Vergnügen sein, er dagegen könne den nächsten Monat nicht mehr stehen und sein Rücken schmerze, so lässt er sich doch willig antreiben. Das Ziel der beiden ist Schloss Hertford, wo der gehörnte Ehemann logiert. Auf einer »richtigen« Draisschen Laufmaschine begegnet dem Paar der Bruder des Prinzregenten, der Herzog von York. Er ist auf dem Weg zu einem monatlichen Besuch bei seinem siechen Vater im Schloss Windsor, wofür er 10 000 Pfund aus der Staatskasse erhält. Zweideutig warnt der Herzog von York seinen Bruder und dessen Geliebte vor einem Sturz. Vergeblich, wie Cruikshank in einer vier Tage später veröffentlichten Karikatur zeigt: Die beiden sind nicht nur gestürzt, sondern ihre Beziehung ist am Ende, denn der Prinzregent hat eine neue Favoritin – Elizabeth, Countess of Conyngham.

87

Isaac Robert Cruikshank (1789–1856)

***The Secret Insult!
or Bribery & Corruption
rejected!!!***, 1820

Die geheime Beleidigung,
oder: Bestechung und Korruption
zurückgewiesen!!!

William Benbow, London, 11. Juni 1820
Radierung, koloriert · 26 × 36,4 cm
Wilhelm Busch – Deutsches Museum
für Karikatur und Zeichenkunst
BM 13730

Lord John Hely Hutchinson, der Vertraute des Prinzregenten, sollte Caroline zum Verzicht auf den Thron überreden. In Cruikshanks Karikatur bietet er ihr einen gefüllten Geldsack an: »Gebt Euren Anspruch auf den Thron auf, wechselt Namen & königliche Robe & zieht Euch in einen entfernten Teil der Erde zurück, wo man niemals mehr etwas von Euch sieht oder hört; falls £ 50 000 nicht reichen, wieviel dann?« Carolines Antwort ist kurz: »Nichts als die Krone!« Als Unterstützer steht an ihrer Seite Ratsherr Wood in römischer Rüstung mit einem Flammenschwert, dessen Klinge die Inschrift trägt: »Ein Schwert für die Schuldigen«, und einem Schild mit der Aufschrift: »Ein Schild für die Unschuldigen«.

Hinter Lord Hutchinson steht Carolines Anwalt Henry Brougham und erklärt: »Ich drehe dieser dreckigen Arbeit meinen Rücken zu.« Der Teufel ganz links am Bildrand packt ihn am Arm: »Gut gemacht Broom [englisch für »Besen«, als Ableitung seines Nachnamens Brougham]! Du hast dein Geschäft gut gemacht.« Hinter Wood liegt ein Schiff vor Anker, sein Heck ist beschriftet mit »Die hölzernen Wälle Altenglands«. Es führt eine mit »Caroline« beschriftete Unionsflagge. Caroline segelte noch in der Nacht nach England. Wood leitete seinerseits die Informationen über Hutchinsons Vorschlag an die Presse weiter, die am 6. Juni, als Caroline in London eintraf, darüber berichtete.

»Ah! sure such a pair was never seen so justly form'd to meet by nature« — old Sherry. Dedicated to **Old** Bags

88

George Cruikshank (1792–1878)

»Ah! sure such a pair was never seen so justly form'd to meet by nature« – old Sherry Dedicated to old Bags
1820

»Ah! Gewiss hat es noch nie ein solches Paar gegeben, von der Natur so genau füreinander geschaffen!« – Alter Sherry, alten Säcken gewidmet

Hannah Humphrey, London, 23. Juni 1820
Radierung, koloriert · 25,2 × 38,7 cm
Leihgabe der Landeshauptstadt Hannover im Museum Wilhelm Busch – Deutsches Museum für Karikatur und Zeichenkunst
BM 13735

Nach dem Tod Georgs III. erreichte der Ehestreit zwischen Georg und Caroline 1820 seinen Höhepunkt. Caroline kehrte nach England zurück, wohl in der Hoffnung, zur Königin gekrönt zu werden. Entsprechend freundlich schielt sie in der Karikatur zu Georg hinüber, der sich seinerseits jedoch erschreckt abwendet. Und tatsächlich dachte Georg keineswegs daran, Caroline zu krönen – im Unterschied zu ihm trägt sie auch keine Krone auf dem Kopf wie Georg, sondern einen Hut mit den drei walisischen Straußenfedern. Bereits 1818 hatte Georg einen neuerlichen Scheidungsantrag beim Parlament eingereicht. Die Gerichtsakten wurden in grünen Säcken bei Gericht vorgelegt, in *green bags*, ein Begriff, der bald ein Synonym für »falsche Aussagen« wurde, die ja gerade in diesem Fall eine besonders große Rolle spielten. Auf der Schärpe der Prinzessin ist die Devise des Hosenbandordens zu lesen: »Beschämt sei, wer schlecht darüber denkt«. Dieser Verweis ist hier vor allem als Anspielung auf Gerüchte zu verstehen, die Prinzessin habe sich auf ihren Reisen nicht immer anständig verhalten. Doch allgemein war die Ansicht verbreitet, dass Caroline weit mehr Anlass habe, Georg wegen Ehebruchs zu verklagen, als er sie.

Which is the Dirtiest so foul the Stains will be Indelible

89

William Heath (1795–1845)

Which is the Dirtiest – so foul the Stains will be Indelible, 1820

Wer ist der Dreckigste – derart widerliche Flecken bleiben

Samuel William Fores, London,
5. September 1820
Radierung, koloriert · 25,3 × 35,5 cm
Wilhelm Busch – Deutsches Museum
für Karikatur und Zeichenkunst
BM 13848

Georg IV. und seine Frau Caroline bewerfen sich mit Dreck, wobei der Eimer neben Georg die Aufschrift »Italienischer Unrat« trägt und damit auf seine Versuche anspielt, der Prinzessin Untreue während ihres Aufenthalts in Italien nachzuweisen. Die Prinzessin ihrerseits antwortet mit Dreck aus einem Eimer, auf dem die Adressen seiner Geliebten wie Hamilton Place, das Haus von Lady Elizabeth Conyngham, notiert sind.

Über Jahre führten Georg und Caroline ihre Fehde in der Presse weitaus heftiger als Prinz Charles und Lady Diana im 20. Jahrhundert. Jeweils für sie günstige Berichte, Briefe und Gerüchte wurden ihren Unterstützern gesteckt. Für Caroline war das der *Morning Chronicle*, *The Pilot* und seit 1820 *The Times*. Georg konnte sich auf die *Morning Post* und den *Morning Herald* stützen. Der Herausgeber des *Evening Star* schlug für einen Seitenwechsel von der Prinzessin zu Georg ein Angebot in Höhe von 300 Pfund pro Jahr aus. Da sie weitaus populärer war als ihr Ehemann, lohnte es sich für die Zeitung, ihr die Treue zu halten.

"Ladies and Gentlemen, Miss Chris - "

90

Ronald Carl Giles (1916 – 1995)

»Ladies and Gentlemen, Miss Chris – «, 1963

Daily Express, 11. Juni 1963
Tusche/Feder, Aquarell · 50,2 × 74,1 cm
From the British Cartoon Archive,
University of Kent, Canterbury, UK

Der Saaldiener hat seine Ankündigung noch nicht ausgesprochen, da haben schon sämtliche befrackten männlichen Teilnehmer den Saal tumultartig durch die Verandatür ver- und ihre Damen höchster Verwunderung überlassen … Mit dieser und zahlreichen weiteren Karikaturen hat Giles einen der berühmtesten Sex- und Spionageskandale der britischen Politikgeschichte kommentiert: die Profumo-Affäre. Das Callgirl Christine Keeler hatte auf dem Höhepunkt des Kalten Krieges gleichzeitig eine Beziehung mit dem sowjetischen Marineattaché Jewgenij Iwanow und dem britischen Verteidigungsminister Jack Profumo. Dieser verleugnete die Beziehung und belog das Unterhaus (»keine irgendwie gearteten Unanständigkeiten«). Am 4. Juni 1963 musste er seine Lüge zugeben und zurücktreten.

91

Gerald Scarfe (*1936)

Harold Macmillan, 1963

Private Eye, 1963
Tusche/Feder · 30 × 20 cm
Privatbesitz

Eine der bekanntesten Karikaturen Gerald Scarfes
aus dem Magazin *Private Eye* zitiert eine Aufnahme aus der berühmten Fotosession des aust-
ralischen Fotografen Lewis Morley mit Christine
Keeler 1963 auf dem Höhepunkt der Profumo-Affäre: Keeler hatte sich ursprünglich vertraglich
verpflichtet, für Nacktfotos zu posieren, um einem
Film über die Affäre eine größere Publizität zu ver-
schaffen, war davon inzwischen aber nicht mehr
begeistert. Morley überzeugte sie schließlich davon,
auf einem Sperrholzstuhl – einer Kopie von Arne
Jacobsens Stuhl 3107 – Platz zu nehmen. In Rückenansicht sitzend, drehte sie sich dem Betrachter zu.
So war sie zwar nackt und der Vertrag damit erfüllt,
der größte Teil ihres Körpers war jedoch durch die
Rückenlehne verdeckt.

Bei Scarfe sitzt der konservative Premierminister
Harold Macmillan auf dem Stuhl, wenige Monate
vor seinem Rücktritt: Mit der Profumo-Affäre ging
auch die Ära Macmillan zu Ende, eines Politikers,
der sorgfältig das Image eines Gentlemans der
alten Schule gepflegt hatte.

Karikaturen wie diese ebneten den Weg für här-
tere Kritik an den oberen Gesellschaftsschichten;
ein Mentalitätswandel, der an die Karikatur zu
Zeiten der Georgs anknüpfte. Scarfes Zeichnung
kam später im Jahr auf die Titelseite der Jahres-
ausgabe von *Private Eye*. Vier von Britanniens größten Buchhändlern verweigerten jedoch, wie sich
Scarfe erinnert, den Vertrieb: »… sie schickten alles
zurück wegen dieser einzigen Zeichnung.«

92

Steve Bell (*1951)

Diattack, 1995

The Guardian, 22. November 1995
Tusche/Feder · 17,5 × 25 cm
From the British Cartoon Archive,
University of Kent, Canterbury, UK

Am 20. November 1995 sendete die BBC ein Interview Prinzessin Dianas mit Martin Bashir. Die Sendung wurde ohne Kenntnis Königin Elisabeths aufgenommen und enthielt zahlreiche Enthüllungen über angebliche Feinde Dianas. Die Königin riet daraufhin dem Prince und der Princess of Wales, sich scheiden zu lassen.

Steve Bell interpretiert Dianas öffentliche Verlautbarungen mit Hilfe der Presse als Attacke auf den Buckingham Palast. Er funktioniert die Figur der proletarischen Freiheit von Théophile Steinlen aus dem Jahr 1900 um, die barbusig zum Sturm auf das System ruft. Die »Prinzessin der Herzen« führt nun statt Proletarier kleine geflügelte Journalisten-Putti mit Hut, Kamera, Steno-Block, Zigarette und Whisky-Glas in den Kampf.

93

Gerald Scarfe (*1936)

Has The Magic Gone?
1995

Ist der Zauber verflogen?

The Sunday Times
Tusche/Feder, Aquarell · 60 × 83 cm
Gerald Scarfe

Lady Di und Prinz Charles im Nahkampf: Nach vierzehn Ehejahren befinden sich der britische Thronfolger und seine Frau im »Krieg«. Nach jahrelanger, öffentlich über die Medien geführter Fehde ist die Beziehung für Gerald Scarfe 1995 endgültig aus der Phase der Gemeinsamkeit in die der Gemeinheit übergetreten. Im darauffolgenden Jahr ließ sich das Paar offiziell scheiden. In den für die Windsors desaströsen 1990er-Jahren ist der Zauber des Royalen für viele verflogen.

94

Steve Bell (*1951)

Fairytale Divorce, 1996

Märchen-Scheidung

The Guardian, 1. März 1996
Tusche/Feder · 18 × 25 cm
From the British Cartoon Archive,
University of Kent, Canterbury, UK

Im Frühjahr 1996 pfeifen es die Spatzen von den Dächern: die Märchenhochzeit des königlichen Traumpaares, Charles, Prince of Wales, und der »Prinzessin der Herzen«, Diana, im Jahr 1981 verkehrt sich in ihr Gegenteil, in eine »Märchenscheidung«, in die die Prinzessin am 28. Februar eingewilligt hatte. Steve Bell, der Karikaturist des wenig royal gesonnenen *Guardian,* malt sie optisch in aller Deutlichkeit aus: Das Paar traktiert sich mit Kopfstößen und angedrohten Faustschlägen, begleitet seiner – wie ihrerseits von obszönen Gesten und einem Schwall Erbrochenen – alles ordensgeschmückt in Uniform beziehungsweise im weißen Brautkleid als Zeichen der Öffentlichkeit des königlichen Spektakels.

Die Zeichnung zitiert das berühmte Hochzeitsfoto, aufgenommen auf dem Balkon des Buckingham Palasts.

95

Trog (d. i. Wally Fawkes) (*1924)

The House of Windsor, 1992

The Observer, 29. November 1992
Tusche/Feder, Kreide · 22 × 30 cm
From the British Cartoon Archive,
University of Kent, Canterbury, UK

Schon wenige Jahre vor der Bekanntgabe der
Scheidung hatte der Karikaturist Trog das Königshaus in einer Krise gesehen und dies in einer Karikatur in Gestalt verrutschter Versalien versinnbild-
licht: Das Haus Windsor liegt in Trümmern und
unter dunklen Wolken. Davor bückt sich eine ver-
härmte weibliche Gestalt in Kittel und Kapuze:
Königin Elisabeth als Trümmerfrau. Sie scheint jedoch die Lage ihres Hauses nicht begriffen zu
haben, denn sie ist in völliger Verkennung der Grö-
ßenordnung ihrer Aufgabe damit beschäftigt, lediglich einige Staubkörner mit Kehrblech und
Handbesen aufzufegen. Oder handelt sie noch
immer nach der Losung aus dem Zweiten Weltkrieg: »Keep Calm and Carry On«, nach deren Geist
Elisabeth sich zum freiwilligen Dienst in der Armee
gemeldet hatte?

96

Martin Rowson (*1959)

Prince Harry, 2005

Esquire, März 2005
Tusche, Gouache · 36,5 × 27 cm
Besitz des Künstlers

Martin Rowsons grimmige Gouache sieht in Prinz
Harry die Reinkarnation seines Ahnherrn König
Heinrichs VIII. – in prächtiger Aufmachung, aber
mit Hakenkreuzbinde, rot unterlaufenem Gesicht,
zusammengekniffenen Augen und verächtlich-
trotzig herabgezogenem Mund. In den Händen
hält er eine Bierdose und einen Joint.
Im Januar 2005 war Prinz Harry auf einer Geburts-
tagsfeier im Nazikostüm mit Hakenkreuzbinde
erschienen, was der *Sun* die Schlagzeile »Harry the
Nazi« bescherte. Der Prinz entschuldigte sich später für die schlechte Wahl seines Kostüms.

97

Martin Rowson (*1959)

***Fig 1: A Boneheaded
Ginga Racist Dolt***, 2009

Abb. 1: Ein dummköpfiger,
rotblonder, rassistischer Depp

The Guardian, 12. Januar 2009
Tusche/Feder, Gouache, Aquarell
19,5 × 27 cm
Besitz des Künstlers

Wenig schmeichelhaft für den aktuell Vierten in der britischen Thronfolge ist auch Rowsons 2009 erschienene Karikatur, die ihn mit einem Orang-Utan vergleicht: Die Wulstlippen und das Kinn trotzig vorgeschoben, konfrontiert Harry den Betrachter mit hochrot-sommersprossigem Gesicht auf allen Vieren nach Primatenart. Für die Beschädigung des königlichen Ansehens entweicht seinem Hinterteil lediglich eine müde Sprechblase mit der Erklärung »Das heißt … soviel … wie Entschuldigung!«.

Am Tag zuvor hatte die *News of the World* Videosequenzen veröffentlicht, die der Prinz drei Jahre zuvor als einundzwanzigjähriger Offiziersanwärter in der Militärakademie Sandhurst von Kameraden aufgenommen und mit rassistischen Bemerkungen kommentiert hatte. Palastkreise, die in der Vergangenheit bemüht waren, das durch Trunkenheitsexzesse und seinen Auftritt in Naziuniform angeschlagene Wüstlings-Image des Prinzen zu verbessern, reagierten verzweifelt auf dessen jüngste Erweiterung seiner Ausfälle um eine rassistische Komponente und ließen eine umgehende Entschuldigung folgen.

Epilog:
Die Freiheit
der Presse

Das Problem der Grenze gehört zum Kernbereich des kritischen Bildes. Karikatur ist per definitionem ein Medium der Grenzüberschreitung, die Grenze des Zulässigen ist fließend. Um das Skandalpotential zu erkunden, ist Formulieren am Limit nötig: Wie weit kann ich gehen? Wie weit muss ich gehen?

Majestätsbeleidigung ist eine seit jeher stark strafbewehrte Grenze für die freie Meinungsäußerung. So ist noch heute nach britischem Gesetz verboten, sich den Tod des Monarchen auch nur in der Fantasie vorzustellen. Selbst loyalistische Bildberichte über den tatsächlichen Tod von Königen enthalten eine illegale Dimension, da sie Vergleiche und Schlussfolgerungen auf den eigenen Herrscher nahelegen.

Karikaturen zum *King Killing* dienen zur Korrektur der politischen Haltung des Souveräns durch mehr oder weniger sanfte historische Erinnerung. George Cruikshank nahm die Öffnung der Königsgräber in Windsor 1813 zum Anlass für seine Attacke auf den Prinzregenten, die hart an den Rand zur Aufforderung zum Königsmord ging (Kat. Nr. 101). Fast 200 Jahre später, 2008, drehte Martin Rowson den Spieß um, indem er, der Karikaturist, in *That Thatcher State Funeral* (Abb. S. 48) Presse und Politik vorwarf, das Fell des Bären zu verteilen, bevor dieser erlegt sei: Margaret Thatchers fortgeschrittene Demenzerkrankung hatte Diskussionen darüber ausgelöst, ob ihr nach ihrem Tod ein Staatsbegräbnis zustünde.

Gegen Ende des 18. Jahrhunderts wurde die englische Karikatur zunehmend zu einem Teil des Journalismus und unterliegt seitdem dessen politischen und gesellschaftlichen Rahmenbedingungen. Als politisches Bildmedium bezieht sich die Karikatur darauf, indem sie die Frage »Was darf Satire?« stellt. Ungeachtet der Abschaffung der Vorzensur für Druckerzeugnisse gab es — bedingt durch die Invasionsfurcht während der Französischen Revolution und der napoleonischen Kriege – sowohl zivile Zensurinstanzen als auch zahlreiche loyalistische Gesellschaften in London und in der Provinz, die das Schrift- und Bildgut nach abweichenden und revolutionären Tendenzen durchsuchten (Kat. Nr. 100). In der Spätphase der Regentschaft des Prince of Wales sieht Cruikshank die Meinungs- und Pressefreiheit pessimistisch: Ehemals ein *Free Born Englishman* liegt der Engländer 1819 jedoch überall in Ketten und wird so zum Gespött der benachbarten Länder (Kat. Nr. 98).

Die satirische Zwangsfigur des *Free Born Englishman* hat sein Gegenbild im 20. Jahrhundert in Ronald Searles *The Thinker* von 1977 (Abb. S. 44). Searle stellt das Kräfteverhältnis zwischen intellektueller Kritik und Politik, die weltweite Macht- und Wirkungslosigkeit des Individuums, brutal heraus.

Nach der Auflösung des globalen Systemgegensatzes mit seiner weltweiten Grenzziehung mochte es eine Zeitlang so scheinen, als tendiere der Bestand gesellschaftlicher Tabus allmählich gegen null. So, als wären nur noch Tod, Religion und Naher Osten nicht zu überschreitende Grenzen. Insbesondere die Entwicklung des Internets schien das Kräfteverhältnis gegenüber den Machthabern zugunsten der Vielen durch Stärkung ihrer technischen Bündnisfähigkeit verändert zu haben. Doch die Enthüllungen über die globale Abhör- und Überwachungspraxis durch US-amerikanische und britische Geheimdienste haben die wahren Größenverhältnisse und das Ausmaß staatlicher digitaler Aufrüstung erkennbar gemacht.

Neben den Grenzen der Pressefreiheit, die von außen gezogen werden, gibt es auch eine Grenzziehung von innen heraus. Die Pressefreiheit wird durch die Presse selbst gefährdet, mit verheerenden Folgen für das Ansehen und das Funktionieren der parlamentarischen Demokratie. Verleger, die ihre Geschäftsinteressen gegen den einzelnen Journalisten durchsetzen, zielen darauf ab, diese bereits in Gedanken einzuschränken.

98

George Cruikshank (1792–1878)

A Free Born Englishman!
The Admiration of the
World!!! And The Envy
of Surrounding Nations!!!!!
1819

Ein frei geborener Engländer! Gegenstand
der Bewunderung der Welt und des Neides
der umliegenden Nationen!

Samuel William Fores, 15. Dezember 1819
Radierung, koloriert · 35,5 × 25 cm
The British Museum, London
BM 13287

Cruikshanks Karikatur des gefesselten, zerlumpten
und abgemagerten John Bulls erregte ungeheures
Aufsehen. Sie richtete sich gegen repressive Gesetze der Regierung, mit denen politische Organisationen und öffentliche Versammlungen verboten
wurden. Zeitungen durften nicht mehr unter einem
Sixpence verkauft werden, um den ärmeren Schichten den Erwerb zu erschweren. Wiederholungstäter
wurden mit der Deportation in die englische Straf-
kolonie an der Botany Bay in Australien bestraft.

Die Gesetze waren in Folge des Peterloo-Massakers erlassen worden, weil man von Seiten der
Bevölkerung Gewaltakte fürchtete. Im August 1819
hatte sich eine Protestkundgebung auf dem St.
Peter's Field bei Manchester gebildet, um für eine
Parlamentsreform und gegen Getreidezölle zu pro-
testieren. Um die Kundgebung aufzulösen, griffen
Miliz und Militär rücksichtslos durch. Es gab Tote
und zahlreiche Verletzte, was einen Sturm der Ent-
rüstung auslöste.

99

William Hogarth (1697–1764)

John Wilkes Esqr., 1763

16. Mai 1763
Radierung · 35,8 × 23,5 cm
Dauerleihgabe der Fritz Behrens-Stiftung,
Hannover, im Museum Wilhelm Busch –
Deutsches Museum für Karikatur und
Zeichenkunst
BM 4050

Im Mai 1763 war John Wilkes wegen einer Attacke auf König Georg III. in seiner satirischen Zeitschrift *The North Briton* angeklagt worden. Diese Anklage wiederum wurde weithin als Verletzung von Wilkes Rechten als Parlamentsmitglied verstanden. Unter dem Slogan »Wilkes und Freiheit!« versammelten sich daraufhin Tausende auf den Straßen. Monate zuvor hatte Wilkes sich Hogarth zum Gegner gemacht, weil er diesen wegen der Annahme eines königlichen Salärs verspottet hatte. Der Künstler schlug mit dieser Karikatur zurück, die den Champion der Freiheit vor Gericht zeigt, gehalten im Stil populärer Stiche berüchtigter Krimineller. Die Karikatur verkaufte sich in hohen Stückzahlen, war jedoch in Hogarth' Sinne kein Erfolg: Viele Wilkes-Anhänger verstanden sie nicht wie beabsichtigt. Das Bild wurde stattdessen zur Ikone der radikalen Sache und in zahllosen billigen Stichen und anderen Medien kopiert.

Libel Hunters On The Look Out, Or Daily Examiners Of The Liberty Of The Press

100

Thomas Rowlandson (1756–1827)

Libel Hunters On The Look Out, Or Daily Examiners Of The Liberty of the Press, 1810

Jäger von Verleumdungen, gebt acht,
oder: Tägliche Überprüfung der Pressefreiheit

Thomas Tegg, London, 12. April 1810
Radierung, koloriert · 24,6 × 34,3 cm
Wilhelm Busch – Deutsches Museum für
Karikatur und Zeichenkunst
BM 11541

Rowlandsons Blatt zielt auf die Einschränkungen der britischen Pressefreiheit. Konkreter Anlass waren die Versuche der Regierung, die negative Berichterstattung über die Verhaftung des radikalen Redners John Gale Jones und des Abgeordneten Sir Francis Burdett zu unterbinden. Burdett war im Unterhaus erfolglos für Jones eingetreten und nach Veröffentlichung seiner Rede am 24. März in William Cobbetts *Weekly Political Register,* in der er dem englischen Parlament die Macht absprach, das Volk von England einzukerkern, wegen Verletzung der Parlamentsprivilegien im Tower eingesperrt worden. Im Zuge dieser Ereignisse wurden Journalisten verschiedener Zeitungen, wie des *Examiner* oder *Morning Chronicle*, die Burdett unterstützten, angeklagt.

101

George Cruikshank (1792–1878)

A Sepulchral Enquiry into English History, 1813

Düstere Nachforschung
in der englischen Geschichte

William Naunton Jones, London, 1. Juni 1813
The Scourge, or Monthly Exposure and Folly,
Bd. 5, Juni 1813, Abb. 30
Radierung, koloriert · 20,9 × 51,1 cm
Wilhelm Busch – Deutsches Museum
für Karikatur und Zeichenkunst
BM 12056

George Cruikshank nutzte 1813 die Öffnung der Gräber Karls I. und Heinrichs VIII. in Windsor für diese sich an der Grenze zur Majestätsbeleidigung bewegenden Karikatur.
Der königliche Leibarzt Sir Henry Halford streckt dem Prinzregenten den Kopf Karls I. mit den folgenden Worten entgegen: »Ich bin nicht sicher, dass dies Blut ist. Ich habe niemals zuvor den Kopf eines enthaupteten Monarchen gesehen, aber wenn das Glück meinen professionellen Forschungen hold ist, werde ich der Nachwelt ein Kriterium hinterlassen, mit dem sich zweifelsfrei feststellen lässt, ob dies Blut ist oder nicht.« Der Regent schreckt daraufhin heftig zurück. William MacMahon, Georgs Privatsekretär, weist dagegen auf den zweiten Sarg: »Wendet die Augen in diese Richtung

mein P – lasst sie auf einem Souverän von anderer Klasse ruhen, der niemals einen Mann in seinem Hass schonte noch eine Frau in seiner Lust – Die Geschichte lehrt uns, dass er eine ganz eigene Methode besaß, sich seiner Frauen zu entledigen, lassen Sie uns ihn studieren!«

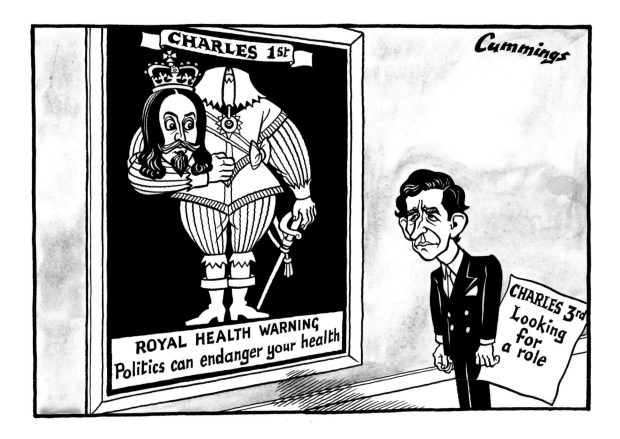

102

Michael Cummings (1919 – 1997)

Royal Health Warning: Politics can endanger your health, 1988

Königliche Gesundheitswarnung:
Politik kann Ihre Gesundheit gefährden

Daily Express, 13. April 1988
Tusche/Feder, Aquarell · 37 × 53 cm
From the British Cartoon Archive,
University of Kent, Canterbury, UK

Prinz Charles ist im Jahre 1988 als potenzieller Karl
III. auf der Suche nach seiner öffentlichen Rolle.
Doch die Inschrift des Gemäldes warnt ihn davor,
dass Politik seine königliche Gesundheit gefährden könne.

Der konservative Karikaturist Michael Cummings
ist auch gegen Ende seiner eigenen Karriere ganz
auf Parteilinie: In einem viel beachteten Fernseh-
interview hatte der ehemalige konservative Partei-
sekretär Norman Tebbit am 11. April 1988 angesichts des inhumanen Images der Thatcher-Regie-
rung in einem BBC-Interview den Versuch unter-
nommen, Charles' sozialpolitisches Engagement
als persönliches Problem eines frustrierten Thronfolgers herabzusetzen und davor gewarnt, seine
Sozialkritik gefährde die Monarchie.

Zwei Jahre später musste Cummings sich selbst
nach einer neuen Rolle umsehen, da sein Stil dem
Daily Express zu betagt geworden war.

103

James Gillray (1757–1815)

The Blood of the Murdered crying for Vengeance, 1793

Das Blut der Ermordeten schreit nach Rache

Hannah Humphrey, London, 16. Februar 1793
Radierung, koloriert · 35,4 × 24,8 cm
Wilhelm Busch – Deutsches Museum für
Karikatur und Zeichenkunst
BM 8304

Am 21. Januar 1793 wurde in Paris der französische
König Ludwig XVI. mit der Guillotine hingerichtet.
Im Zentrum des Blattes, in der roten Wolke aus
dem Blut des Enthaupteten emporsteigend, beklagt der König, dass sein Thron von Mördern
besetzt sei, seine Brüder ins Exil verjagt und seine
Frau und seine Kinder in ein Verlies geworfen worden seien. Das englische Volk müsse seinen Tod
rächen, sagt die Figur Ludwigs XVI. und preist
England sogar als Gebieter der Welt.
Die Karikatur gehört zu einer ganzen Reihe von
Blättern, in denen Gillray mit Abscheu die Ereignisse der Französischen Revolution kommentierte
und in diesem Zusammenhang auch immer wieder die dem revolutionären Frankreich mit Sympa-
thie gegenüberstehende englische Opposition um
Charles James Fox kritisierte.

The Blood of the Murdered crying for Vengeance.

104

Ben Jennings (*1990)

The Queen's Head, 2013

Der Kopf der Königin

the i, 14. September 2013
Druck · 15,2 × 27,6 cm
Besitz des Künstlers

Anlässlich der Privatisierungspläne für die Royal Mail schuf Ben Jennings diese Zeichnung nach der verbreitetsten Form der königlichen Figur: der Kopf der Königin auf der Briefmarke. Jennings greift zwei Motive auf: das *King Killing*, den seit der Hinrichtung von Karl I. nie aus dem kollektiven Unterbewusstsein der Briten verschwundenen Königsmord, und das der Enthauptung von Johannes dem Täufer. Konkret ließ sich der Künstler von Jacob Cornelisz van Oostsanens *Salome mit dem Haupt Johannes des Täufers* aus dem Jahr 1524 inspirieren. Durch Camerons Worte »Nicht einmal Maggie käme hiermit durch!« wird das Verhältnis zwischen Premier und Königin zu einer Dreierbeziehung: Cameron erliegt mit der Realisierung der Abschaffung der königlichen Post dem »bösen Geist« der Übermutter der Konservativen, Margaret Thatcher, und macht sich damit zum Königsmörder.

105

Steve Bell (*1951)

***Owner's Boot**, 2013*

Der Stiefel des Eigentümers

*The Journalist. Magazine of the National
Union of Journalists*, 6. Oktober 2013
Tusche/Feder, Aquarell · 18 × 26 cm
Artwork courtesy of the artist

Der Journalist John Pilger sieht Steve Bells Cartoon,
der in der Gewerkschaftszeitung *The Journalist* erschien, mangels eines authentischen Journalismus
als Inbild unserer Zeit: Die Pressefreiheit kann auch
durch sich selbst gefährdet werden.

106

Martin Rowson (*1959)

**The Riddle of the
Sphinx Part 2**, 2013

Das Rätsel der Sphinx, Teil 2

The Guardian, 20. August 2013
Tusche, Gouache, Aquarell
26 × 36 cm
Besitz des Künstlers

David Miranda — Partner des Journalisten Glenn Greenwald, der im größten Überwachungsskandal der neueren Geschichte die Enthüllungen des Whistleblowers Edward Snowden über die Ausspähungspraktiken der amerikanischen NSA und des britischen Nachrichtendienstes GCHQ im *Guardian* öffentlich gemacht hatte — war am 18. August 2013 auf dem Londoner Flughafen Heathrow von der Polizei aufgrund des *Terrorism Act 2000* festgenommen und verhört worden. Chefredakteur Alan Rusbridger schrieb am 19. August 2013, sein Blatt sei wegen der Veröffentlichung von der britischen Regierung stark unter Druck gesetzt worden. Es wurde gedroht, die Zeitung zu verklagen, falls Festplatten mit den Informationen nicht

herausgegeben oder vernichtet werden würden. Um einen Rechtsstreit zu vermeiden, wurden unter Aufsicht von Agenten des GCHQ zwei Festplatten vernichtet. Die BBC griff Berichte des *Independent* und der *Daily Mail* auf und benannte den Regierungsvertreter, der den *Guardian* offenbar auf direkte Weisung des Premierministers David Cameron besucht hatte. Es handelte sich um den Kabinettschef Sir Jeremy Heywood aus dem britischen Außenministerium.

ANHANG

Künstlerbiografien

Beaton, Cecil (1904–1980)
Englischer Fotograf, Bühnenbildner und Grafiker. In den 1930er-Jahren war Beaton in den USA für *Vogue* und *Harper's Bazaar* tätig. Ab 1937 war er Hoffotograf der britischen Königsfamilie. 1972 schlug Königin Elisabeth II. Beaton zum Ritter. Während des Zweiten Weltkrieges arbeitete er für das britische Informationsministerium in Großbritannien, Asien und im Nahen Osten. Nach dem Krieg betätigte sich Beaton als Illustrator, Maler, Schriftsteller und Chronist und entwarf Bühnenbilder und Kostüme für Film, Theater und Oper.
→ Kat. Nr. 30

Beechey, Sir William (1753–1839)
Englischer Porträtmaler. Nachdem er durch einige kleinere Bildnisse großes Ansehen erlangt hatte, folgten diverse Aufträge, Porträts für den englischen Adel anzufertigen. 1793 wurde er assoziiertes Mitglied der Royal Academy of Arts in London und Porträtmaler Königin Charlottes.
Er porträtierte die Mitglieder der königlichen Familie und viele berühmte Personen in der Mode ihrer Zeit. In Anerkennung seines Gemäldes *Georg III. und der Prinz von Wales bei der Truppenparade der Kavallerie* von 1789 wurde Beechey in den Ritterstand erhoben und zum Vollmitglied der Royal Academy gewählt.
→ Kat. Nr. 27

Bell, Steve (*1951)
Englischer Zeichner und Trickfilmer. Bell etablierte sich 1977 als freischaffender Künstler mit Comic-Zeichnungen für Kinder und mit der Veröffentlichung von Illustrationen, Cartoons und Comic-Strips in Zeitschriften und Magazinen wie *Punch*, *Private Eye*, *The Spectator* und *New Statesman*. Seit 1981 arbeitet er hauptsächlich für den linksliberalen *Guardian*, für den er seit 1990 viermal pro Woche auch den Kommentar-Cartoon zeichnet.
→ Kat. Nrn. 6, 37–39, 47, 54, 60, 70, 72, 76, 92, 94, 105

Blake, William (1757–1827)
Englischer Dichter, Naturmystiker, Maler und Erfinder der Reliefradierung. Sowohl sein künstlerisches als auch sein literarisches Werk wurde von seinen Zeitgenossen weitgehend abgelehnt.
Erst Mitte des 19. Jahrhunderts wurden seine sehr innovativen Arbeiten von den Präraffaeliten entdeckt, fanden allgemein Anerkennung und später auch in der Popkultur Verbreitung.
→ Kat. Nr. 14

Boilly, Louis-Léopold (1761–1845)
Französischer Bildnis- und Genremaler sowie Lithograf. Boillys Werk umfasst neben Lithografien mehrere hundert Zeichnungen und ebenso viele Genrebilder sowie an die 5000 Porträts. Er ist vor allem wegen seiner Szenen des Pariser Stadtlebens in den Jahren nach der Revolution bekannt. Aufgrund seiner kleinen Formate wird Boilly auch der »Kleinmeister der Revolution« genannt. Für seine Verdienste wurde er nicht nur zum Ritter der Ehrenlegion ernannt, sondern 1833 auch Mitglied des Institut de France.
→ Kat. Nr. 59

Brown, Dave (*1957)
Englischer Karikaturist. Nach seinem Kunststudium war Brown zunächst als Maler, Grafikdesigner und Bühnenbildner tätig. Seine erste Karikatur erschien 1989 in der *Sunday Times*. Brown arbeitete auch für zahlreiche andere britische Zeitungen wie *Daily Express, Guardian* oder *Financial Times*, bevor er 1996 politischer Karikaturist des *Independent* wurde.
→ Kat. Nr. 57

Cruikshank, Isaac (1764–1811)
Englischer Zeichner, Radierer und Maler. Als Karikaturist war er vor allem im Zeitraum von 1793 bis 1797 produktiv. Isaac Cruikshank radierte aber auch für Künstler wie George Moutard Woodward, illustrierte Bücher und Flugblätter.
→ Kat. Nr. 16

Cruikshank, Isaac Robert (1789–1856)
Englischer Karikaturist und Illustrator. Der älteste Sohn von Isaac Cruikshank etablierte sich als Maler von Porträts und Kleinporträts, entdeckte aber auch nach und nach seine Freude an humoristischer Kunst. Seine Lieblingsmotive waren die Regency-Dandys und ihre weiblichen Pendants, der Prinzregent, dessen Frau Caroline und andere Angehörige der Oberschicht. Gegen Ende der 1820er-Jahre wandte sich Robert Cruikshank zunehmend der Illustration von Büchern zu.
→ Kat. Nr. 87

Cruikshank, George (1792–1878)
Englischer Zeichner, Radierer und Maler. Der jüngste Sohn von Isaac Cruikshank veröffentlichte – beeinflusst von James Gillray – bereits 1806 seine erste Karikatur. Er zeichnete für das Magazin *Scourge*, schuf Serien wie *Life in London* oder *Monstrosities*, in der er Modetorheiten seiner Zeit thematisierte. Unter seinen politischen Karikaturen fallen besonders seine drastischen Blätter gegen Napoleon auf. Sein Blatt *Bank Restriction Note* von 1818 trug zur Abschaffung der Todesstrafe für mindere Delikte bei.
→ Kat. Nrn. 26, 65–66, 68–69, 83, 86, 88, 98, 101

Cummings, Michael (1919–1997)
Englischer Karikaturist. Zunächst arbeitete Cummings für das linke Magazin *Tribune*, wurde dann aber von 1949 bis 1990 politischer Karikaturist beim *Daily Express*. 1953 übernahm er von A. W. Lloyd die Kolumne *Essence of Parliament*, die im *Punch* erschien. Ab 1990 zeichnete Cummings für *Daily Mail*, *The Times* und *The Oldie*.
Im Fokus seiner Zeichnungen stehen vor allem die Labour Party, Linkswähler, Gewerkschaften, studentische Aktivisten, die Sowjetunion und das Thema Immigration.
→ Kat. Nr. 102

Dance, Nathaniel (1735–1811)
Englischer Porträtmaler und Politiker. Dance war Gründungsmitglied der Royal Academy of Arts. Er erhielt unter anderem Aufträge, Porträts von König Georg III., James Cook und dem Schauspieler David Garrick anzufertigen. Nach seiner Heirat 1790 gab Dance seine Malerkarriere auf und widmete sich fortan der Politik. Von 1790 bis zu seinem Tod 1811 war er Abgeordneter des Parliament of Great Britain beziehungsweise ab 1801 des Parliament of the United Kingdom.
→ Kat. Nr. 3

Doyle, John (1797–1868)
Englischer Karikaturist, Maler und Lithograf. Doyle hoffte, nachdem er 1821 nach London gezogen war, sich dort als Maler etablieren zu können. Obwohl er regelmäßig seine Gemälde in der Royal Academy ausstellte, gelang es ihm nicht, seinen Lebensunterhalt zu sichern, sodass er sich ab 1827 der Lithografie zuwandte. Thema war fortan die politische Karikatur. Doyles Karikaturen erschienen von 1829 bis 1851 in *The Times*.
→ Kat. Nr. 18

Garland, Nicholas (*1935)
Englischer Karikaturist. Bevor Garland 1966 politischer Karikaturist für den *Daily Telegraph* wurde, zeichnete er für *The New Statesman*, *The Spectator* und *The Independent*.
→ Kat. Nr. 45

Giles, Ronald Carl (1916–1995)
Englischer Karikaturist. Giles arbeitete zunächst für *Reynolds News*, dann für den *Sunday Express* und ab 1943 für den *Daily Express*. 1945 wurde er »War Correspondent Cartoonist« des Daily Express und 1959 mit dem Order of the British Empire ausgezeichnet. Nachdem er 1989 den *Daily Express* verlassen hatte, arbeitete Giles bis 1991 für den *Sunday Express*. Seine Karikaturen haben aktuelle Themen zum Inhalt, sind typisch britisch und beziehen sich auf allgemeine britische Verhaltensweisen.
→ Kat. Nr. 90

Gillray, James (1757–1815)
Englischer Zeichner und Radierer. Nachdem sein erster Versuch gescheitert war, sich als Karikaturist niederzulassen, gelang dem von William Hogarth beeinflussten Gillray 1782 der Durchbruch. Bis zu seinem Tod beherrschte er vor allem das Feld der politischen Karikatur und wirkte mit seinen Blättern auf die öffentliche Meinung ein. Das englische Königshaus, die Politiker und der große Gegner Napoleon gehörten zu seinen bevorzugten Themen. Gillrays Karikaturen erschienen überwiegend im *printshop* von Hannah Humphrey in der St. James's Street. Der Einfluss seines Werks reichte über England hinaus, wie Nachdrucke in der in Weimar erschienenen Zeitschrift *London und Paris* zeigen. Die von ihm und seinen Künstlerkollegen Thomas Rowlandson oder George Cruiskhank in besonderer Weise geprägte Epoche wird als »Golden Age of Caricature« bezeichnet.
→ Kat. Nrn. 15, 21–25, 53, 56,
   61, 64, 67, 80–81, 103

Goupy, Joseph (1689–1769)
Französischer Maler, Zeichner, Miniaturist, Radierer, Aquarellmaler und Bühnenbildausstatter. 1736 wurde er zum Kabinettmaler des ältesten Sohnes Georgs II, Friedrich Ludwig von Hannover, berufen und gab diesem sowie Dorothy Boyle, Gräfin von Burlington, Unterricht. Nachdem Goupy eine Karikatur seines Freundes Georg Friedrich Händel als riesiges, eine Orgel spielendes Schwein angefertigt hatte, endete die Freundschaft.
→ Kat. Nr. 8

Heath, William (1795–1840)
Englischer Künstler. Bekannt wurde Heath vor allem durch seine Radierungen mit politischen Karikaturen und allgemeinen Kommentaren zum zeitgenössischen Leben. Er war an der Gründung zweier Karikatur-Magazine, *Glasgow* und *The Northern Looking Glass*, beteiligt. Zwischen 1830 und 1834 fertigte Heath seine Serie politischer Karikaturen für *McLean's Monthly* an.
→ Kat. Nrn. 28 und 89

Hogarth, William (1697–1764)
Englischer Maler, Kupferstecher und Radierer. William Hogarth reüssierte zunächst als Maler von Konversationsstücken, vor allem Gruppenporträts englischer Familien. Um 1730 begann er mit gemalten Bilderzyklen zu gesellschaftlichen Themen wie *A Harlot's Progress*, die er zusätzlich als Kupferstichversion verbreitete. Mit diesen »modern moral subjects« begründete Hogarth seinen Ruhm weit über England hinaus. In Deutschland verfasste Georg Christoph Lichtenberg dazu seine berühmten Kommentare. Parallel veröffentlichte Hogarth das kunsthistorische Traktat *Analysis of Beauty* und initiierte 1735 das Urheberrechtsgesetz zum Schutz gegen Fälschungen und Raubdrucke. Mit seinem Werk förderte Hogarth die Entwicklung der modernen Karikatur und wurde zum geistigen und künstlerischen Vater der nachfolgenden Karikaturistengeneration um Gillray, Rowlandson und Cruikshank.
→ Kat. Nr. 99

Illingworth, Leslie Gilbert (1902–1979)
Englischer politischer Karikaturist. 1927 konnte Illingworth seine erste Karikatur im *Punch* veröffentlichen. Nach einer Reise in die USA und Studienaufenthalten in Berlin und Paris kehrte er nach England zurück, wo er als freischaffender Künstler nicht nur für viele verschiedene Magazine arbeitete, sondern auch Werbeanzeigen für Firmen wie *Winsor & Newton* oder *Grey's Cigarettes* anfertigte. Ab 1939 arbeitete Illingworth für die *Daily Mail*. Der Zweite Weltkrieg bot ihm genug Themen, um – trotz seines detaillierten Stils – gleichzeitig für die *Daily Mail* und den *Punch* täglich einen Cartoon zu zeichnen. 1945 wurde Illingworth eine Position als Karikaturist im *Punch* angeboten, ab 1949 fertigte er für die satirische Zeitschrift als Hauptzeichner abwechselnd mit Norman Mansbridge den wöchentlich erscheinenden politischen Cartoon an. Für den *Punch* zeichnete Illingworth bis 1968, für die *Daily Mail* bis zu seinem Ruhestand 1969.
→ Kat. Nr. 71

Jennings, Ben (*1990)
Englischer Karikaturist. Jennings studierte Kunst am West Herts College in Watford und Illustration an der University of Westminster. 2010 wurde er neben sechs anderen jungen Karikaturisten eingeladen, Steve Bell und Martin Rowson im *Guardian* zu vertreten. Derzeit fertigt Jennings den wöchentlichen Cartoon für *the i*, einer im Tabloid-Format vom Independent Print herausgegebenen Tageszeitung, an. Er arbeitet ebenfalls für *The Guardian*, *GQ* und *The World Development Movement*.
→ Kat. Nrn. 41 und 104

Modern Toss (seit 2004)
Modern Toss ist die Schöpfung und digitale Plattform der Autoren, Karikaturisten und Trickfilmzeichner Jon Link und Mick Bunnage. 2004 zunächst als Website mit einzelnen Witzen ins Leben gerufen, hat sich Modern Toss mittlerweile zu Serien von unregelmäßig erscheinenden Comics entwickelt. Die ersten vier Comics wurden in zwei Büchern neu veröffentlicht. Außerdem wurden zwei TV-Serien für den britischen Fernsehsender *Channel 4* produziert. Links und Bunnages Arbeiten erscheinen regelmäßig im *Guardian* und im *Private Eye*.
→ Kat. Nr. 40

Mortimer, John Hamilton (1740–1779)
Englischer Maler, Zeichner und Radierer. 1774 wurde Mortimer Präsident der Society of Artists of Great Britain. Mortimers Werk beinhaltet Porträts, dekorative Interieurs und Buchillustrationen, vor allem aber war er Historienmaler. Im Gegensatz zu vielen anderen Kollegen dieses Fachs malte er auch Szenen der angelsächsischen Geschichte. In den 1770er-Jahren fand Mortimer seine wahre Berufung, als er begann, im Stil des italienischen Barockmalers Salvator Rosa (1615–1673) Gemälde anzufertigen, auf denen er das heroische Leben der Soldaten, aber auch Schmuggler und Gauner (*banditti*) darstellte.
→ Kat. Nr. 1

Newton, Richard (1777–1798)
Englischer Zeichner und Illustrator. Trotz seiner kurzen Karriere – er begann bereits mit 14, seine ersten Karikaturen zu zeichnen, und starb im Alter von 21 Jahren – hat Richard Newton rund 200 Blätter veröffentlicht, in denen er sich vor allem als politischer Karikaturist profilierte.
→ Kat. Nrn. 2, 19, 49–50

Ramberg, Johann Heinrich (1763–1840)
Deutscher Maler und Zeichner. Nach seiner Ausbildung zum Maler bei Reynolds und Bartolozzi in London war Ramberg Hofmaler in Hannover. Neben Allegorien, Porträts und Sittengemälden zeichnete er nach englischem Vorbild satirisch-kritische Blätter. Bekannt wurde Ramberg vor allem durch seine Illustrationsfolgen.
→ Kat. Nr. 17

Rowlandson, Thomas (1756–1827)
Englischer Zeichner, Radierer und Maler. Rowlandson war zunächst als Bildnis- und Landschaftsmaler tätig, kam dann aus Geldnot zur politischen Karikatur. Bekannt wurde er vor allem durch seine Gesellschaftssatiren. Er prägte gemeinsam mit dem nahezu gleichaltrigen James Gillray die beiden Jahrzehnte zwischen 1790 und 1810, das sogenannte »Goldene Zeitalter« der englischen Karikatur.
→ Kat. Nrn. 29, 52, 79, 100

Rowson, Martin (*1959)
Englischer politischer Karikaturist. Rowson veröffentlichte seine erste Cartoon-Serie *Scenes from the Lives of the Great Socialists* (1982–1983) im *New Statesman*. Er zeichnet regelmäßig für den *Guardian* und das *Independent Magazine*. Als freier Mitarbeiter arbeitet Rowson auch für *The Daily Mirror* und *Morning Star*. 2001 wurde er vom Londoner Oberbürgermeister Ken Livingstone zum ersten »Cartoonist Laureate« Londons ernannt. Seine Karikaturen erschienen daraufhin im Mitteilungsblatt des Oberbürgermeisters, *The Londoner*. Rowson, der mit seinen Karikaturen nicht selten Grenzen überschreitet, sieht sich selbst in der Tradition der großen Karikaturisten des 18. Jahrhunderts wie James Gillray oder William Hogarth.
→ Kat. Nrn. 4, 31, 34–36, 44, 48, 51, 96–97, 106

Scarfe, Gerald (*1936)
Englischer Karikaturist, Zeichner, Trickfilmer und Bühnenbildner. Scarfe arbeitete in den frühen 1960er-Jahren für den *Punch* und *Private Eye*, später auch für den *Esquire*, das *Time Magazine* und den *New Yorker*. 1967 begann er, als politischer Karikaturist für die *Sunday Times* zu arbeiten, für die er seit mehr als 40 Jahren wöchentlich eine Karikatur zeichnet. Für die *Sunday Times* fertigte Scarfe außerdem Kriegsbilder in Vietnam, Nordirland und im mittleren Osten. Er entwarf zudem für zahlreiche Theaterstücke, Opern, Ballette und Musicals Bühnenbilder und Kostüme.
→ Kat. Nrn. 5, 33, 46, 58, 91, 93

Searle, Ronald (1920–2011)
Englischer Zeichner, Grafiker und Zeichentrickfilmer. Bereits während seiner japanischen Kriegsgefangenschaft wurden Zeichnungen von Searle in englischen Magazinen wie *Lilliput* veröffentlicht. Berühmt wurde er nach dem Krieg vor allem mit den Geschichten über die *Girls of St. Trinian's*, seinen Plakatgestaltungen und seinen unter anderem im *Punch* erschienenen Karikaturen. Er veröffentlichte zahlreiche Bücher und arbeitete für internationale Zeitungen und Zeitschriften wie die *New York Times*, *Holiday* oder *Life*, für die er auch von ausgedehnten Reisen durch Europa, Nordafrika und Amerika berichtete. Für den *New Yorker* lieferte Searle ab 1969 regelmäßig Titelbilder. Von 1995 bis 2008 zeichnete er politische Karikaturen für die französische Tageszeitung *Le Monde*.
→ Kat. Nr. 73 und 74

Steadman, Ralph (*1936)
Englischer Autor, Illustrator, Cartoonist und Karikaturist. In den 1960er-Jahren erschienen Steadmans Arbeiten in verschiedenen Publikationen wie *Private Eye*, *Punch* und im Rockmusik-Fachblatt *Rolling Stone*. Er illustrierte sowohl seine eigenen Kinderbücher als auch Klassiker wie *Alice im Wunderland* und *Die Schatzinsel*. In den 1980er-Jahren erhielt Steadman von einem englischen Weinhändler den Auftrag, für einen Katalog Zeichnungen anzufertigen. Er reiste mehrere Jahre zu Winzern und Destillerien auf der ganzen Welt. Daraus resultierten zwei seiner preisgekrönten Bücher, *The Grapes of Ralph* und *Still Life With Bottle*. 1989 schrieb Steadman das Libretto für das Öko-Oratorium *The Plague and the Moonflower*, welches in fünf Kathedralen in Großbritannien aufgeführt wurde und 1994 von BBC2 verfilmt wurde. 1999 wurde er vom Royal Opera House in London beauftragt, die Kostüme des Balletts *The Crucible* zu gestalten. Steadman ist mit zahlreichen Preisen ausgezeichnet worden, so wurde er zum Beispiel 1979 vom American Institute of Graphic Arts zum Illustrator des Jahres gewählt.
→ Kat. Nr. 43

Stubbs, George Townley (1756–1815)
Englischer Zeichner, Grafiker und Verleger. Stubbs war der Sohn des berühmten Tiermalers George Stubbs. Zwischen 1786 und 1787 radierte er anonym eine Reihe von Karikaturen, die von ihm selbst oder Samuel William Fores verlegt wurden.
→ Kat. Nr. 82

Trog (d. i. Wally Fawkes) (*1924)
Kanadischer Zeichner, Karikaturist, Illustrator und Jazz-Klarinettist. Wally Fawkes lebt seit 1931 in England. Bekannt wurde er vor allem als Cartoonist unter dem Künstlernamen »Trog«, welcher sich auf eine seiner frühen Jazzbands *The Troglodyte* bezieht. Er schuf den Cartoon *Flook*, der von 1949 bis 1984 in der Zeitung *Daily Mail* erschien.
→ Kat. Nrn. 32, 42, 95

Williams, Charles (tätig 1797–1830)
Englischer Karikaturist, Radierer und Illustrator. Williams war Hauptkarikaturist des Verlegers Samuel William Fores. Die meisten seiner frühen politischen Arbeiten blieben unsigniert oder erschienen unter den Pseudonymen »Ansell« oder »Argus«. Im Lauf der Zeit wandte sich Williams immer mehr vom Bereich der Karikatur zugunsten realistischer Darstellungen ab. Er illustrierte zahlreiche Bücher.
→ Kat. Nrn. 62, 63, 84

Zeitleiste

1688	Glorious Revolution
1689	Bill of Rights
1695	Abschaffung der Vorzensur für Druckschriften durch das Unterhaus
1701	**Act of Settlement:** Protestantische Erbfolgeregelung macht das Haus Hannover erbberechtigt.
1707	Realunion mit Schottland; erstes Parlament des Vereinigten Königreichs
1701 – 1714	Spanischer Erbfolgekrieg
1714, 1727	**Georg I.** (1660 – 1727), **Beginn der Personalunion Hannover-Großbritannien**
1715	Scheitern des Jakobitenaufstands in Schottland
1720	South Sea Bubble
1721 – 1742	**Robert Walpole** (1676 – 1745) de facto erster Premierminister Großbritanniens
1727 – 1760	**Georg II.** (1683 – 1760)
1737	Einführung der Theaterzensur durch Robert Walpole
1745 – 1746	Scheitern des letzten Jakobiten-aufstands zur Wiederherstellung der Stuart-Dynastie
1756 – 1763	Siebenjähriger Krieg in Mitteleuropa, Nordamerika, Indien und der Karibik; Kampf zwischen England und Frankreich um die globale Vorherrschaft
1757	Besetzung Hannovers durch französische Truppen
1760 – 1820	**Georg III.** (1738 – 1820)
1763 – 1783/89	Amerikanische Revolution; 1776 Unabhängigkeitserklärung der USA; Ende des ersten britischen Empires mit dem Verlust der amerikanischen Kolonien
1768 – 1770	Massendemonstrationen für den Whig-Politiker, Journalisten und Schriftsteller John Wilkes (1725 – 1797)
1774	Charles James Fox (1749 – 1806) verbündet sich mit den oppositionellen Whigs unter Edmund Burke und wird prominentester Vertreter der Opposition.
1780	Gordon Riots in London
1783	Rücktritt der Fox-North-Koalition
1784 – 1801	**William Pitt der Jüngere** (1759 – 1806) Premierminister Großbritanniens; 1804 – 1806 Premierminister des Vereinigten Königreichs
1785	Georg, Prince of Wales heiratet heimlich Mrs. Fitzherbert.
1788	Regency Krise; Verkündung der Krankheit Georgs III.
1789	Beginn der Französischen Revolution; Genesung Georgs III.
1792 – 1815	Napoleonische Kriege
1795	Heirat des Prince of Wales mit Caroline von Braunschweig-Lüneburg
1799 – 1800	Verbot politischer Vereinigungen, Unterdrückung von Reformbewegung und Ansätzen organisierter Arbeiterbewegung (Combination Acts); 1799 Ende der Französischen Revolution mit der Übernahme der Macht durch Napoleon
1801	Unionsakte: Vereinigung Irlands mit Großbritannien; Rücktritt William Pitts
1803	Erneute Besetzung Hannovers durch französische Truppen
1804	**Proklamation Napoleon Bonapartes** zum Kaiser von Frankreich
1806	Auflösung des Heiligen Römischen Reiches; Besetzung Hannovers durch Preußen und nachfolgend Teil des Königreichs Westphalen; Tod William Pitts und seines Erzrivalen Charles James Fox
1809	Clarke-Skandal
1810	Geisteskrankheit Georgs III.; 1811 Ernennung des Prince of Wales zum Regenten
1812 / 1826	Hungerkrawalle und Luddismus in Lancashire
1813	Ende der französischen Besetzung Hannovers; 1814 Erhebung zum Königreich Hannover auf dem Wiener Kongress; Prinz Adolph Friedrich von 1816 bis 1837 Vizekönig von Hannover
1815	Niederlage Napoleons in der Schlacht von Waterloo; Abdankung und Verbannung nach St. Helena
1819	Peterloo-Massaker
1820 – 1830	**Georg IV.** (1762 – 1830)
1820 – 1821	Königin-Caroline-Affäre
1830 – 1837	**Wilhelm IV.** (1765 – 1837)
1832	Parlamentsreform
1837	Tod Wilhelms IV., **Ende der Personalunion**
1837	**Ernst August I.** König von Hannover; Protest der Göttinger Sieben gegen die Aufhebung der Verfassung in Hannover

1952 –	**Elisabeth II.** (1926 –)
1953	Krönung Elisabeths II.
1954	Commonwealth-Reise Königin Elisabeths II. und Prinz Philips
1957 – 1963	**Harold Macmillan** konservativer Premierminister
1963	Profumo-Affäre
1964 – 1970	**Harold Wilson** Labour-Premierminister, zweite Amtszeit von 1974 – 1976
1969	Investitur von Prinz Charles als Prince of Wales auf Schloss Caernavon
1970 – 1974	**Edward Heath** konservativer Premier
1973	Beitritt Großbritanniens zur EWG
1977	Silbernes Thronjubiläum Elisabeths II.
1979 – 1990	**Margaret Thatcher** Britanniens erste Premierministerin
1981	Heirat von Prinz Charles und Lady Diana Spencer
1982	Krieg mit Argentinien um die Falkland/Malvinas-Inseln
1990 – 1997	**John Major** konservativer Premier; schwere Unruhen nach Inkrafttreten der neuen Kommunalsteuer (Poll Taxes)
1992	»Annus horribilis« des britischen Königshauses: Skandalberichte über Mitglieder der königlichen Familie; Brand im Schloss Windsor; Bekanntgabe der Trennung des Prince und der Princess of Wales
1996	Scheidung von Prinz Charles und Lady Diana
1997 – 2007	**Tony Blair** Labour-Premierminister; britische Kronkolonie Hongkong Teil der VR China; Tod Prinzessin Dianas bei einem Autounfall in Paris
2002	Fünfzigjähriges Thronjubiläum Elisabeths II.
2005	Heirat von Prinz Charles und Camilla Parker Bowles
2007 – 2010	**Gordon Brown** Labour-Premierminister
2010 -	**David Cameron** konservativer Premierminister
2011	Heirat Prinz William und Catherine Middleton in der Westminster Abbey
2012	Sechzigjähriges Thronjubiläum Elisabeths II. mit Bootsparade auf der Themse
2013	NSA-Affäre, ausgelöst durch Edward Snowden

Zu den Autoren

Tim Clayton
Führender Experte zur englischen Druckgrafik, insbesondere zum Druckgrafikhandel im 18. Jahrhundert. Zu diesem Thema verfasste er das Standardwerk *The English Print, 1688 – 1802.* Als ehemaliger Forschungsstipendiat des Worcester College, Oxford, beteiligt er sich an internationalen Konferenzen und Forschungsprojekten zur Druckgrafik. Seine jüngeren und aktuellen Arbeiten umfassen Beiträge zur *Cambridge History of the Book,* der *Chicago History of the Map* und zum *Lexikon der Revolutions-Ikonographie.* Er ist Dozent und Mitarbeiter an einer Reihe von Fernsehproduktionen wie *Finest Hour* und preisgekrönter Autor einer Reihe von Büchern zur Marine- und Militärgeschichte.

Karl Janke
Studium der Kunstgeschichte, Archäologie und Philosophie in Hamburg. Freier Autor und Kurator. Veröffentlichungen zur Kunst des 19. und 20. Jahrhunderts – für das Wilhelm Busch – Deutsches Museum für Karikatur und Zeichenkunst u. a. 2001 *Thomas Rowlandson. Grazie, Galanterie, Groteske. Englische Bildsatire zwischen Rokoko und Romantik* und 2011 *Steve Bell. Im Auge des Zeichners.*

Helen Lewis
Stellvertretende Chefredakteurin des linksliberalen britischen Politikmagazins *New Statesman.* Neben ihrer Herausgebertätigkeit schreibt sie für den *New Statesman* und bloggt für dessen Internetseite vorzugsweise zu Themen wie Comedy, Feminismus, Politik und Computerspiele. Sie hat ebenfalls für das *Edge Magazin,* die britische *Elle,* die *New York Times,* die *Sunday Times,* den *Observer* und den *Guardian* geschrieben. Sie ist ständige Diskussionsteilnehmerin von BBC 1 *Sunday Politics.*

Bildnachweis